恋愛制度、束縛の2500年史

古代ギリシャ・ローマから現代日本まで

鈴木隆美

光文社新書

目次

第6章　明治期から大正期にかけて――日本における「恋愛」の輸入

イントロダクション

「ジュテーム」の衝撃

フランスの古都トゥールで、60代のマダムの家にホームステイしていた時のことです。

ある日、マダムの娘と孫が家に遊びに来ました。おばあちゃんであるマダムは、自分の娘を、全身の骨を砕かんばかりに抱きしめます。さすがはヨーロッパ、ジェスチャーが大袈裟だ、と思ったものです。

弾けるような笑顔がマダムと娘の間に生まれます。続いてマダムは孫の頬を溶かさんばかりに長いキスをします。赤ちゃんの方はちょっと迷惑そうでしたが、それでも嬉しそうです。

マダム、マダムの娘、孫の家族水入らずの会話が続きます。水入らずの言葉とは裏腹に、外国人である私が家庭の中にポツンといたわけですが。

まだフランスに留学して間もない頃で、私のフランス語力では、その会話の内容はまるで理解できませんでした。しかしながら、場の雰囲気は間違えようがありません。孫と娘に会えたマダムは本当に嬉しそうでした。マダムの娘は遠方に住んでいて、たまにしか会えないのです。マダムは、これでもかというばかりに赤ちゃんの目を覗き込んで、抱きしめ、愛撫し続けています。娘も10秒以上続くハグをしています。まるで恋人同士であるかのような濃厚なスキンシップです。

相変わらず何を言っているのかよくわからなかったのですが、そんな中、完全に聞き取れたフレーズが唯一ありました。母親が赤ちゃんに向けてことあるごとに繰り返していた「ジュテーム（愛してる）」、そして去り際にマダムが自分の娘を力一杯抱きしめて言った「ジュテーム」というフレーズです。

衝撃的な体験でした。それまで「ジュテーム（愛してる）」というのは、恋愛映画などで恋人同士がロマンティックな夜景を背景にして、キスする直前に交わす言葉でしかありませんでした。その言葉が、親子の間で、あるいは祖母と孫の間で、真剣に交わされる言葉だとは思いもしなかったのです。こちらが勝手にこういうものだろうと思っていた「ジュテーム」は、かなりポイントがずれていたわけです。

言われてみれば当たり前ですが、フランスでは、「愛」は、恋人になってから勝手に生まれるものではなく、子供の頃に親から「ジュテーム」という言葉とともに教わるものです。そうやって親から、祖父母から受けた愛情がいっぱい詰まった表現があり、大人になってから恋人に対して、その同じ表現を使うのです。こんなことを、私はその時初めて理解しました。

そして、ふと気づいてしまいました。自分は一度も母親にも、祖母にも「愛している」とか「好きだよ」とか言われたことがない。子供時代、両親、祖父母から邪険に扱われていたわけではないと思います。むしろ大事に育てられた方でしょう。「可愛いね」とか「お利口さんだね」とかはよく言われていた記憶があります。

でも、一度も親や祖父母から愛の告白を受けたことがない。むしろ「愛している」や「好きだよ」という言葉を真顔で祖母や母に言われることを想像すると、奇妙な居心地の悪さを感じてしまいます。「愛している」という言葉は、決して母や祖母と自分の間では交わされなかったし、死ぬまでそうでしょう。

そこからある疑問が浮かんできました。なんだか居心地の悪くなるような疑問です。自分は「愛」を親からちゃんと教わっていないのではないか、という思い。目の前で繰り広げられる、親と子の濃密なスキンシップと「ジュテーム」という愛の言葉に満たされた時間、これは自分の幼少期にはなかったものです。ここでの「愛」は私の知る「愛」よりもなんだか深くて重いような気がしてしまいました。

目の前にいる赤ちゃんは、私と同じく言葉は何もわからないけれど、その「愛」の空間の中に浸されて、そして「ジュテーム」という表現が体に染み渡っていくのです。間違いなく自分はこんなやり方で「愛している」という言葉を獲得したわけではありません。少なくともヨーロッパの人たちの言う「愛」は自分と親の間にはなかったし、ないものは当然教わっていない、ということになります。

「愛してる」という表現の使用法

同じことは、おそらく私だけではなく、多くの日本人に当てはまるのではないでしょうか。日々の生活の中で「愛している」という言葉は、現代日本の親子の間ではほとんど使われていないでしょう。

フランスでは、「ジュ（私は）・トゥ（あなたを）・エム（愛している）」というフレーズとセットになって、親から子へと愛情が教えられ、そして子は誰かに恋をした時に、同じ言葉を言うのです。考えてみると、日本とはかなり状況が違います。

誤解してほしくないのですが、日本の親子の間には愛情がない、とは全く思いません。現代日本で、子育てに奮闘する親の振る舞いの中に、母性愛、父性愛はいくらでも見つかるでしょう。

しかし日本では、その愛情は「愛している」という言葉で表現されることはないのです。「○○ちゃんなんて可愛いの」とか「△△ちゃん大好き」とか言われることはあるでしょう。そしてそう言われて育った子供が将来恋人を見つけ、同じセリフを使うこともあるでしょう。しかし「大好き」や「可愛い」は「愛」を直接的に指示する言葉ではありません。もっと広く、曖昧な好みを表す言葉です（大好きなもの、可愛いと思うものを、その人が「愛している」とは限りません）。

現代日本語の語感からすると、「愛してる」というのは重い響きをもつけれど、「大好き」「可愛い」はもっと軽いものだと思われます。

もちろん、親が子供に対してもつ愛情は深く、重い愛情であることも多いでしょう。しかし、そうした愛情を直接指示する表現である「愛してる」は、親子の間であまり使われないのです。ましてや、ヨーロッパのように、親が子供に面と向かって、「私は・あなたを・愛している」とは絶対に言わないわけです。

つまり、日本語に、「ジュ・トゥ・エム（続けて発音し『ジュテーム』となる）」に対応する表現はないと言っていいでしょう。「ジュ・トゥ・エム」は「愛してる」とは訳せない。後に見るように、明治、大正期の知識人は、これが訳せなくて苦しんだわけですが、今でも事情は大して変わっていません。

言い換えれば、「ジュテーム（私はあなたを愛してる）」が表現するような「フランス的愛」、さらにはヨーロッパにおける「愛」と、日本における「愛」とは、言葉の用法が違い、使う場面が違うので、必然的にその意味もどこか違ってくる、ということになります。

この差はどこにあるのでしょう。ヨーロッパの愛と日本の愛では、何がどう違うのでしょうか。なぜそのようなことになったのでしょうか。そして、どのような歴史的経緯があるのでしょうか。これが本書を貫く問題意識です。

恋愛輸入論の是非

恋愛輸入論というのがあります。

「恋愛」という言葉は明治時代に「love」や「amour」の訳語として作られたもので、それ以前に日本には言葉としては「情」や「色」しかなかった。だから「恋愛」は、舶来品の一つ、ヨーロッパからの輸入されたものだ、という説です。[1]

一方、小谷野敦のように恋愛輸入論を否定する人もいます。[2] 確かに恋愛輸入論も、いろいろ問題はあります。そもそも言葉は違えども、明治以前にも「恋愛」と似た感情はあった、『万葉集』や『源氏物語』から連綿と続く恋愛物語には、実際に「恋愛」が描かれている、と恋愛輸入論を否定することもできなくはないでしょう。

日本にも西洋的な恋愛に似たようなものはありました。恋人に対する愛着、情のほつれ、嫉妬、失恋の痛み、そういったものはいくらでも、ヨーロッパ文化の中にも日本文化の中にも見つかります。

しかしながら、ヨーロッパはその中から「愛」なるものを、独特のやり方で作り上げ、制度化し実践してきました。その「愛」は日本の「情」や「色」と重なる部分もあれど、やはりだいぶ違う歴史と意味をもっているのです。

日本の色恋も情も、ヨーロッパでの「love」「amour」と同じ使い方をされていたはずはありません。少なくとも明治の知識人が、ヨーロッパに追いつけ追い越せで、日本の文化レベルを上げようと躍起になって輸入しようとした、ヨーロッパ産の「愛」とは違うでしょう。

恋愛輸入論は、その意味では否定しがたい説です。日本人は明治期に「love」や「amour」を西洋から輸入した。それまで日本の伝統が知らなかったもの、日本語の語彙にはなかったものを輸入した。そして苦労して「恋愛」という言葉を作ったのです。だがその輸入の方法はどのようなものであったのでしょうか。

先回りして言ってしまえば、不完全で奇妙なものであった、と言わざるを得ません。やはり日本語の「恋愛」という言葉は、ヨーロッパの「love」や「amour」とは違う意味をもつのです。

そこで、この違いを比較文化論の枠の中で、歴史を追いながら見てみよう、というのが、この本の目的です。ヨーロッパの「恋愛」と日本の「恋愛」はどう違うのか。どういう経緯でそうなってしまったのか。

1　例えば、柳父章、『翻訳語成立事情』岩波新書、1982、p.87–105／佐伯順子、『「色」と「愛」の比較文化史』、岩波書店、1998／柄谷行人、『日本近代文学の起源』、講談社文芸文庫、1988、p.98–126

2　小谷野敦、『日本恋愛思想史』、中公新書、2012、p.4–28

日本文化は「雑種文化」

恋愛の輸入の問題を考える前に、もうちょっと一般的に、日本人が海外の文化を輸入する際に、どんなことが起こるのか、ということを考えてみましょう。

これは本書で展開する比較文化論の基本的な視座になりますが、この点については様々な日本文化論があります。強引にまとめてしまうと、日本人は外国文化を輸入する時に、それを変質させ、日本化させ、場合によっては無化してしまう場合が多い、ということです。いくつか代表的な論考を見てみましょう。

加藤周一という昭和の大知識人がいます。医者だったのですが、文学にも非常に造詣が深く、批評家として大部の『日本文学史序説』という名著を書き上げていて、この本は様々な言語に翻訳されています。

彼は4年間にわたるフランス留学を経て、ヨーロッパの文化はヨーロッパ産の文化だけで作られた「純粋種」であり、それに対し日本文化は日本土着の文化と西欧から輸入した文化が混在している「雑種文化」である、と規定します。引用してみましょう。

伝統的な日本から西洋化した日本へ注意が移ってきたということでは決してない。そうではなくて、日本文化の特徴は、その二つの要素が深いところで絡んでいて、どちらも抜き難いということ自体にあるのではないかと考えはじめたということである。[3]

伝統的な日本と、西洋化した日本、この二つが絡み合っているのが日本文化であり、その意味で日本文化は雑種なのだ、と加藤は考えるわけです。後に加藤は、この考え方を反省し、留学から帰ってきた当時、自分は非常に国家主義的だった、と言うようになります。

要するに、西洋はこう、日本はこう、と日本のオリジナリティを強調しすぎたのですね。そこから西洋は純粋種、日本は雑種という二分法が出てきます。西洋は全てを自前で用意している。だから純粋だ、ところが日本は東洋的なものと西洋的なものが混ざっている、だから雑種だ、という考え方です。

西洋が純粋種、というのはかなり大雑把な説です。なぜなら西洋文化も詳しく見てみれば、アフリカやらアジアやらいろんなところから影響を受けてできた文化であるからです。

まあそれはともかく、日本文化がごった煮であるのに対して、西洋文化には、連綿と続く伝統の上に築きあげられたすごい文化がある。その断絶にショックを受けた加藤は、上記のように言ったわけですね。

3　加藤周一、『雑種文化』、講談社文庫、１９７４、p.25

日本文化の「無構造」

加藤の説が正しいかどうかは別として、それに続いて、日本を代表する昭和の政治思想家、丸山眞男は「無構造」ということを言いはじめます。

近代日本人の意識や発想がハイカラな外装のかげにどんなに深く無常観や「もののあわれ」や固有信仰の幽冥観や儒教的倫理やによって規定されているかは、すでに多くの文学者や歴史家によって指摘されて来た。…思想が伝統として蓄積されないということと、「伝統」思想のズルズルべったりの無関連な潜入とは実は同じことの両面にすぎない。一定の時間的順序で入って来たいろいろな思想が、ただ精神の内面における空間的配置をかえるだけでいわば無時間的に併存する傾向をもつことによって、却《かえ》ってそれらは歴史的な構造性を失ってしまう。小林秀雄は、歴史はつまるところ思い出だという考えをしばしばのべている。それは直接には歴史的発展という考え方にたいする、あるいはヨリ正確には発展思想の日本への移植形態にたいする一貫した拒否の態度と結びついている…本来異質的なものまでが過去との十全な対決なしにつぎつぎと摂取される…。(4)

なんだか小難しいことを言っていますね。「無時間的に併存する傾向をもつことによって、却ってそれらは歴史的な構造性を失ってしまう」なんて、改めて考えるとよくわからない表現ですが、彼が言いたいのはこういうことでしょう。

外国文化は日本にとっては異質で本来相容れないものなのですが、日本人は「まあまあ」とあまりその対立を気にせずに、全部受け入れてしまう。目に見えるところでは、いろんな時代に摂取した外国文化が並存している。西欧の社会思想やら、中国からやってきた仏教やら、そんな雑多なものが、ごちゃっと並べられている。それらが発展してきた歴史的経緯がそれぞれちゃんとあるわけですが、そんなのは日本人にとっては関係ない。全部ごちゃっと並べてしまう。そして裏では、相も変わらずアニミズムやら年功序列の習慣やら、日本的な感性が支配的である――、ということです。

そんな日本的な精神は、神道に象徴的に現れている、と丸山は言います。

「神道」はいわば縦にのっぺらぼうにのびた布筒のように、その時代時代に有力な宗教と「習合」してその教義内容を埋めて来た。この神道の「無限抱擁」性と思想的雑居性が、さきにのべた日本の思想的「伝統」を集約的に表現していることはいうまでもなかろう。[5]

相容れない思想が「雑居」している――、このような考え方は加藤周一の雑種文化論の延長でしょう。「無限抱擁性」なんていうと堅苦しいですが、これも簡単に言えば、「まあまあ」と言って矛盾を気にせずに全てをなあなあにしてしまうということです。ちゃんとした土台もなければ、積み上げられているものもない。そんなことを指して「無構造」と言ったわけです。

先回りして言ってしまうと、これは恋愛でも同じです。西欧には西欧の歴史があって「恋愛」というものがあるのに、日本はそんな歴史を無視して、西欧の恋愛をごちゃっと輸入してしまった、というのが本書の主張の一つです。

本来、相容れない西欧の恋愛と仏教の慈愛と儒教的な倫理観が雑居してしまう。そんな恋愛事情も、丸山だったならば、日本文化には構造がない、無構造である、ということでしょう。

4　丸山眞男、『日本の思想』、岩波新書、1961、p.11–12
5　前掲書、p.20–21

日本文化の「並列構造」

丸山の立論を受けて比較文学者の大嶋仁は「並列構造」という概念を提唱します。個人的にはこの言い方が一番好きです。ちょっと見てみましょう。

日本人の思考の中で、歴史を通して変わらないものは何でしょうか。もっとも注目すべきものは何なのでしょうか。それは「並列構造」です。すなわち、異なるイデオロギーが、隣り合わせに置かれてしまうのです。意味も由来も違う言葉が、同一平面上に並べられてしまうのです。それが「並列構造」です。そのようにして、古代では中国文化(漢と呼ばれる)と日本文化(和と呼ばれる)が並列しています。[6]中世では輸入された宗教としての仏教と、土着の宗教としての神道が並列しています。そして、近代では西洋近代思考と伝統的思考が並列しているのです。日本的思考の歴史について、明快で統一的な視点を得るには、何よりもこうした並列構造を見ることが重要となってきます。[7]

日本人は外来のものが好きで、特に知識人は文化先進国の思想を輸入して、権威づけに利用する、ということをもう1000年以上続けています。そのように輸入された思想、概念は、古来日本的なものとあまり相性が良くないのですが、日本という文化空間は不思議なもので、それらがあまり反発し合うことなく、自然に同居してしまうのです。

しかしながら、それは、ある意味では外国文化の拒絶の形式です。外国のものはあくまで外国のものにとどまるからです。戦後最も優れた批評家の一人である柄谷行人も、同様の文脈でこんなことを言っています。

外のものをどんどん受け入れながら、あくまでそれを外のものであると見なすやり方は、まさに漢字の音訓併読、あるいは漢字仮名併用によって可能なのです。[8]

古来、漢字は中国産の概念を表すものでありました。今ではカタカナ表記が外国産、特にヨーロッパ産の概念を示すのに使われていますね。外国のものはそのままカタカナ表記で、例えば「ラブ」などと言われ、日本語の中に取り入れられてきたわけです。西欧の恋愛概念もこうした並列構造に捉えられ、日本に輸入され、消化される際に、異質なものとなり、場合によっては無化されていきます。

ヨーロッパから恋愛がやってきたとき、これは「ラブ」あるいは「ラアブ」などとカタカナ語で書かれていました。他の輸入思想と同様に、外のもので、なんだかよくわからないけれど、カッコいい、という程度のものでした。それが次第に「恋愛」という言葉に置き換わっていきます。おそらくこの過程で、独特の「恋愛の日本化」が起こった、と考えるべきでしょう。大嶋仁の言う並列構造がここでも顔を出します。

すなわち、恋愛ができあがった、その歴史的経緯を無視して、西洋的「恋愛」と、日本的な「情」と「色」が、ポンと並列に置かれるのです。論理的にはお互い相容れないのですが、とりあえずなんとなく、「まあまあ」といった感じで並列されてしまうのです。

6　日本の最初の書物である『古事記』と『日本書紀』は和の文化と漢の文化をそれぞれ表しています。日本語は、中国の文字である「漢字」と、日本語の音声表記である「かな」によって構成されています。前者は漢の文化を、後者は和の文化をそれぞれ表しています。

7　大嶋仁、『日本思想を解く　神話的思惟の展開』、北樹出版、1989、p.22（この本はもともとスペイン語、フランス語で出版されたもので、英訳も用意されています。引用はフランス語版、英語版を参照して多少変更し

ています）
8　柄谷行人、『日本精神分析』、講談社学術文庫、2007、p.78

恋愛制度の束縛史

本書では、「まあまあ」と対立しているものを隠蔽する、日本文化の傾向にあえて逆らって、日本的な「恋愛」とヨーロッパ的な「恋愛」の対立をはっきりさせていこうと思います。この対立を正確に捉えるためには、やはりヨーロッパの恋愛観の歴史的な展開を捉えておく必要があります。ところがヨーロッパの恋愛観を捉えようとすると、どうしても話は古代ギリシャまで飛んでいきます。欧米文化の基層は、やはりギリシャのヘレニズム文化だからです。

一般に欧米文化の基層は、ヘレニズム文化と、ユダヤ・キリスト教の世界観が複雑に入り混じり展開していったものです。恋愛も当然その文化の変動のうねりの中で練り上げられていくコンセプト、あるいは制度である、ということになります。やはりそこまで視野に入れてこそ、ヨーロッパと日本の「恋愛」の比較が可能になると思われます。

ここで重要なのは、それが「制度」であるということです。「制度」とは陰に陽に私たちのあり方、気のもちようすらも規定してくるもので、ある種の規範です。平たく言えば、「〜だと思わなくちゃいけない」というプレッシャーですね。それは無意識のレベルにも根を張る心理的束縛です。これは古代ギリシャから現代日本に至るまで、実に多様な形で存在してきました。

本書はそのような恋愛制度の歴史、その囚われの歴史を、2500年のスケールで眺めてみよう、という試みです。

これを新書のサイズでやろうとすると、当然無理が出ます。まあ、蛮勇を承知の上で、あえてトライしてみましょう。数千年単位の歴史のうねりの中で恋愛を見る、という視点で書かれた書物が、日本にはあまり見当たらないからです。

著者の能力の限界から、断片的な見取り図になり、かなり大雑把な言い方しかできないことも多々あるでしょう。でもそこは、良い意味で開き直って、とりあえず論を進めましょう。ジェネラリスト的なことをやろうとするとスペシャリストから突っ込みが入る、というのは世の常です。本書が議論のたたき台になれば、著者とすればこれに勝る喜びはありません。

そのような観点から、まずヨーロッパにおける恋愛概念の歴史的な変遷を見ます（第1章〜第5章）。そしてそれが日本にどのように移植されていったのか、確認します（第6章）。

そして最後に日本に恋愛が輸入された後、ヨーロッパで展開された恋愛のあり方（第7章）、日本で展開された恋愛（第8章）の具体例をいくつか分析します。

　このようにして、日本とヨーロッパの恋愛のあり方を比較し、恋愛についてより深く考えようとするのが、本書の狙いです。

第1章　古代ギリシャの恋愛

ジェンダー論、クイア論

本題に入る前に、ジェンダー論、クイア論の話から始めましょう。
「クイア」とは、もともと「中心からずれた」という意味でしたが、そこから派生して「変な、奇妙な、風変わりな、怪しい」という意味が生まれ、今では非異性愛者のことを肯定的に表す言葉として用いられています。「クイア論」は、20世紀末から現代に至るまで、かなり流行っている言説です。[1]
ジェンダー論はご存知でしょうか。フェミニズムなら聞いたことがあるかもしれません。二つは深く関係しています。ここら辺の流れを知っている人は、ここからしばらくは読み飛ばしてください。まず、近年のジェンダー論の主張をざっととまとめてみましょう。

ジェンダーとは何か?
ものすごく簡単に言うと、我々は男らしさ、女らしさというものに洗脳されて生きている。ジェンダーは「社会的性差」と訳されますが、生物学的なオス、メスというだけではなくて、社会的に男として、あるいは女として我々は育てられてしまっている。

そのように、社会によって刷り込まれた性差、文化が作る性差のことをジェンダーと言います。すなわち、男らしさ、女らしさに関する、社会的圧力、教育、洗脳のことですね。

例えば、赤ちゃんの頃から、男の子は青の洋服を着て、女の子は赤の洋服を着て、というように、何もわからない頃から性差による教育が始まります。

お尻丸出しは恥ずかしい、これは男の子、女の子両方。だけどパンツを見せることに対しては、特に女の子に強い教育がなされます。見せたらダメ、「女の子」でしょう、「おしとやか」に、というわけです。それに対して、男の子は「強く、たくましく」です。泣いたら負けですよ、と教えられる。

これは社会による洗脳以外の何ものでもない。君は男だから、女だから、こうしなきゃだめ。男は堂々として、なよなよしないで、しっかり競争社会を生き抜いて、お金を稼いで、家庭をもって、家族を養うべし。女子は、なるべく可愛くして、いいお嫁さんになって、家庭に入って、家事をこなして、子供を生んで、育てるべし——。

例えば戦後の日本社会では、大体が上記のような「男道」「女道」が用意されていて、それを外れると、「変」なやつ認定が下されてきました。

そして、もっとも「変」なやつ認定が下されてきたのは、男なのに男が好き、女なのに女が好き、といった人たちに対してです。彼らは「正常」な「男道」「女道」から大きく逸脱したとみなされます。

クイア論は、男道、女道ってそんなに正しいことなの？　男っぽい女でも女っぽい男でもいいじゃない、あるいは男が好きな男でも、女が好きな女でもいいじゃない、という主張から生まれます。

社会が「正常」と「異常」、「理性的なもの」と「狂気」を勝手に決めているけれど、別にそれが本当に正しいわけじゃない。男の子が青で女の子が赤、なんてのは別にさしたる理由もないわけです。普段、普通に生活していてそんなことが気にならないのは、社会によって用意された男道、女道を生きるのが当たり前で、それを苦しいとも思わない人たちですね。

ところが、ゲイ、レズビアン、バイセクシャル、その他諸々の性的指向をもつ人たちは、社会から白眼視され苦しんできた。そこで彼らがクイア論を立ち上げるわけです。

ここで、クイア論は、「変」なやつのための理屈だ、私みたいな普通の人には関係ない、なんて思ったら、ちょっと悲しくてもったいないです。「私には関係ない」と言いながら、そうした人たちに対する差別意識を強くもつ人は、大抵自分の男道、女道をうまく歩めずに苦しんでいたりします。

つまり、男道、女道を歩んでいるけれど、そこではあまり優等生になれず、フラストレーションを感じている。そこで、社会の規範から大きく外れたクイアの人たちを見つけた時に、フラストレーション発散の良い機会とばかりに非難する――、そんなイジメの構造があるかもしれません。

性的マイノリティを白眼視する社会は、やっぱり窮屈で悲しいですし、そういう人たちが、自分の男道、女道に縛られて苦しんで生きている、そこから解放される可能性に全く気づかずに、あるいは気づいていても意図的に無視して、苦しんで人生を終えるというのは、ある意味ではもったいないのです。

１　クィア論については、多くの入門書がありますが、読みやすく内容がきちんとしているものとして、森山至貴、『ＬＧＢＴを読みとく　クィア・スタディーズ入門』、ちくま新書、２０１７、がおすすめです。

家族幻想

実際に我々は、本当に意識の深いレベルで、男は男らしく、女は女らしくというプレッシャーの中を生きています。ふと気づけば、そのプレッシャーにあまりに慣れてしまい、それが自分のあり方、アイデンティティのあり方を決めていたりします。

例えば、スカートをはける男の人、女装に抵抗ない男性はどれだけいるでしょう？ 結構な人たちが抵抗を感じると思うんですよね。あるいは、丸刈りに抵抗のない女性はどれだけいるでしょう？ 多くの女性が抵抗を感じるはずです。

すなわち自分は、女らしく見えたらとんでもない、男なんだ、あるいは丸刈りなんかとんでもない、ありえない、女なんだ、というのがアイデンティティの重要な要素になっているわけです。

これは社会によるジェンダー教育がいかに強力か、という例ですね。一度ジェンダー教育が完了してしまうと、そこから出るのが本当に難しい。思春期を経て自分の性がある程度固まってしまうと、そこからなかなか出られなくなるのです。それを無理やり出そうとしても、「生理的」にイヤだ、という反応になってしまいます。

そして、このジェンダー教育は我々がもっている家族幻想に直につながっています。

男は男らしく、女は女らしく、それが当たり前のように我々は生きてるんですが、大抵の場合、社会のジェンダー洗脳システムの中で、男はこういう家庭をもち家庭の中でこういう役割を担い、女はこういう役割を担う、というのが、かなり厳格に決まっています。例えば核家族が成立した後の日本だったら、男は金を稼いで妻と子供を養って一人前、女性は家事、育児をして、夫を内助の功で支えて一人前、ということです。

ところがご存知の通り、近年、その家族モデルが壊れてしまった。特に女の子が家庭に入って専業主婦をする、というのが経済的にできなくなった。女の子は、昔は勉強なんかしなくて良かった。会社勤めなんてしなくて良かった。むしろ社会で働いていたら「職業婦人」と呼ばれ、差別された。女性は、ちゃんと花嫁修業をして、掃除、洗濯、料理、場合によっちゃお花とかお琴をやって、それで善き花嫁になって、いい男をゲットして家庭を築けば良かった。

でも今は、もうそのモデルが崩壊しています。女の子も勉強して、会社に入ってお金を稼がなきゃいけない。男女のモデルが大変革しているところです。

そこで、女性差別がクローズアップされるようになってきて、フェミニズム的言説が流行します[2]。

確かに、男はこう、女はこう、という枠の中にすごい女性差別があるわけです。

例えば、女は男より馬鹿。だから仕事ができない。女は男より感情的で、理性に欠ける、だから馬鹿。そんなのに高い給料払えません——そんな性差別が給与システムの中に組み込まれている。

そしてこれ、今でもそうです。こんな言説が叫ばれている大学という場所だって、実は例外ではない。女性の教授が大学に何割いるか、考えてみればわかります。大学の先生は、男でしょ。頭が良くなきゃいけないからね。そういうイデオロギー、洗脳から抜け出せてないんです。

実際に大学で働いてみればわかりますが、信じられないくらい男社会です。無能な男が給料を多くとってる社会ですから。実情とはかけ離れていますが、男は賢くて仕事ができる、女は責任感がなくて馬鹿。まだまだそういう女性差別があるんですね。

とはいえ、みんなその嘘に気づいてきた。男はこう、女はこう、そんなモデルが崩れて、どうも男の道はこう、女の道はこう、っていう価値観も胡散臭いことがわかってきました。

当たり前です。女だからって男より馬鹿とは限らない。なぜ男は男らしくしなければならんのか。なぜ女は女らしくしなければならんのか。なぜ男は女をものにして、高い車を乗りまわさなければならないのか。なぜ女は可愛くして、自分を食べさせてくれる男をゲットしなくてはならないのか。

もっと言って、なぜ男は女をものにしなくてはならないのか？　なぜ男が好きじゃダメなのか？　なぜ女は女が好きじゃだめなのか？　両方好きだっていいじゃない——、ここまで行って、ようやくジェンダーフリーです。

社会による男らしさ、女らしさの洗脳なんてバカバカしいじゃない、というわけでクイア論へとつながっていくわけです。

2　フェミニズムに関しては、やはり大御所、上野千鶴子、『家父長制と資本制　マルクス主義フェミニズムの地平』、岩波現代文庫、２００９、を読むことをおすすめします。その言説の勢いに一度は圧倒されてみるのもいいかもしれません。

ジェンダー論と古代ギリシャ

ちょっと前置きが長くなりました。そんなジェンダー論、クイア論が好んで参照するのが古代ギリシャの愛です。なぜかというと、古代ギリシャでは、愛の形が今とはだいぶ違っていて、現代の人はみんなびっくりするからです。

先回りして言ってしまうと、古代ギリシャのある地域では、立派な成人男性は今でいう

「ゲイ」でなければいけませんでした。立派な少年は立派な大人と寝るのが普通だったんですね。そして、大人になれば少年を愛するのが普通だった。立派な男だった。男とはそうあるべきだった。そんな歴史があります。

こんな考え方は、今の価値観からするとバカバカしいわけです。と、ここで終わると、それこそ「ただのバカ」になってしまいます。こう考えた方が利口です。今の我々の男らしさ、女らしさも、古代ギリシャと同じくらいバカバカしいのではないか？　と。

こう問いを立てることによって、今の自分たちのいる場所を相対化できるわけです。そんな視点を得られることが、古代ギリシャの性風俗を見る意味ですね。そしてもちろん、現代の愛と共通する何かもあります。

これより先、ジェンダーに意識的になりながら、現代日本の恋愛と古代ギリシャの恋愛を、歴史を追いながら比較検討してみることにしましょう。

アリストファネスの語る愛の起源

古代ギリシャの愛の形を探る際に一番よく参照されるのは、やはりプラトンの『饗宴』をおいて他にはないでしょう。

　これは紀元前4世紀に書かれた、すごい恋愛論です。饗宴、とは大げさで、要は単なる飲み会です。そこで酔っ払ったおじさんたちが、恋愛とは何か、というお題について、それぞれ演説をぶっていく。

　みなさんプラトニッククラブはご存知ですよね。肉体的な欲望から離れた精神的な恋愛、清純で美しい恋愛、くらいの意味が現代にはあって、結構な幅を利かせていると思うのですが、このプラトニッククラブの起源もプラトンの『饗宴』にあります。

　この本の中にたくさんの恋愛論が登場するわけですが、何はともあれ、アリストファネスという実在の喜劇作者の演説が超有名です。これは愛の起源、同性愛の根拠に関する神話なんですが、ちょっと見てみましょう。


　原始時代におけるわれわれの本性は、現在と同様のものではなく、まったく違っていた。第一に、人間の性には三種あった、すなわち、現在のごとくただ男女の両性だけではなく、さらに第三のものが、両者を結び合わせるものが、あったのである。…当時各人の姿は球状を呈して、背と脇腹とがその周囲にあった。それから四本の手と四本の脚と、

図1

また丸い首の上にはまったく同じ形の顔を二つ持っていた。…男性は本来太陽から、女性は地球から、また両性を兼備したものは月から…出たのである。彼らは親たちに似たので、その身もその歩き方も球状を成していた。かくして彼らは恐ろしき力と強さとを持ち、その気位の高さもまた非常なものがあった。彼らは神々に挑戦するに至ったのである。[3]

人類の起源に関する、全くもって奇妙な神話です。陶器に描かれたものが残っていますが（図1）、ここには太陽の世界と地上の世界、そして月の世界と人間存在の不思議な対称性が描かれています。

世界各地に、人間が生意気になり神々に戦いを挑む、というのはよくある神話なのですが、アリストファネスの語る神話はちょっと特別です。なぜならそこに恋愛の起源が絡んでくるからです。かつて球体の人間は非常に強く完璧な存在であったのだけれど、あまりに生意気だったためにゼウスに半分に分けられてしまいます。

この図版では、男女が今まさに二つに割られようとしているわけですが、この点についてアリストファネスはこう語ります。

さて人間の原形がかく両断されてこのかた、いずれの半身も他の半身にあこがれて、ふたたびこれと一緒になろうとした。そこで彼らはふたたび体を一つにする欲望に燃えつつ、腕をからみ合って互いに相抱いた。かくて彼らはついに飢えと一般的活動不能とのために死んでしまった。互いに離れていては少しも働く気になれなかったからである。(4)

神に体を両断されたのち、自らの半身がどこかに行ってしまう。その失われたかつての自分の半身を探し求め、失われた力を取り戻すこと、これこそが恋愛の起源だ、とアリストファネスは教えます。なかなかロマンティックで泣かせます。

昔の人だって恋煩いに苦しんで、どうして自分はあの人にこんなにも惹かれるのか、どうしてひと時も離れていられないのか。そんな感情をもったわけですね。そんな感情をどう説明しようかと考え、そこで出てきたのがこの神話です。もともと一つだったのだ、失われた統一性を求めて我々は恋をするのだ、というわけです。

ところが、この愛の力があまりに強いため、みんなろくに仕事をしなくなる。面白いですね、色恋ごとにうつつを抜かして、仕事をほっぽり出す輩が、古代ギリシャにもたくさんいたのでしょう。

そして、この解決法がまた想像力に富んでいます。古代ギリシャ人が考えたのはこんな神話でした。ゼウスがことを重大視して賢明な決断をし、人間の性器の位置を変えた、というものです。

それまで人間は、セックスによって子供を作るのではなく、交尾もなしで地中に卵を産んで増えていたのですが、それを女性の腹から産めるようにした。そして、これがよくわからないのですが、なぜかこうすることによって、男は肉体の結合のことばかりを考えるのではなく、仕事もできるようになった、と言います。

もちろん、こんな非科学的な話はないのですが、大事なのは性欲をコントロールすることによって、働くことが、社会生活が可能になった、とする視点が提出されている点です。

つまりこの神話は、社会を秩序あるものにするためには、性の力をコントロールしなければならない、という寓話として読むこともできるでしょう。

3　プラトン、『饗宴』、久保勉訳、岩波文庫、１９５２、p.80（これ以降、訳文については、英訳、仏訳のあるものはそちらを参照し、適宜表現を現代的なものに変更しています）

4　前掲書、p.80

同性愛はなぜ生まれたか？

この神話の面白い点は、男女間の愛の起源を説明しているだけでなく、同性愛と異性愛を同列において説明する点です。

かくてわれわれは、いずれも人間の割符に過ぎん、ヒラメのように截《き》り割られて、一つの者が二つとなったのだから。それで人は誰でも不断に自分の片割れなる割符を索《もと》める。だから、かつて男女と呼ばれた双形者の片割れに当たる男たちはすべて女好きである。そうして大多数の姦夫はこの種族から出たのだが、男好きな、姦通家の女たちもまた同様である。しかるに女の片割れなる女たちは、すべて男にはまるで興味がなく、かえって心を女に寄せる、また同性愛者もこの種族から出る。最後に男性の片割れである者は

いずれも男性を追いかける。(5)

アリストファネスはこのようにして恋愛の起源を説明します。人によっては、こんな馬鹿げた話を真面目に取り扱うなんて、ナンセンスだ、と思うことでしょう。あるいは、アリストファネスの時代の人の想像力に感嘆する人もいるかもしれません。

ここでは、恋愛が男と女ではなく、ちゃんと三種類考えられているのですね。いわゆる「ヘテロセクシャル」「ゲイ」「レズビアン」という組み合わせです。それぞれ月、太陽、地球の世界と、古代ギリシャの世界観のあり方に対応して三種類あるようです。

ただ、ここで注意しなくてはならないのが、「ヘテロセクシャル」「ゲイ」「レズビアン」という枠組みは、あくまで近代の男道、女道ができてからの区分けだということです。言い換えれば、近代のセクシャリティを前提とした分類法です。古代ギリシャの性愛のあり方は、こんな区別を超えています。

月、太陽、地球という世界の分類法に対応したセクシャリティのあり方。それは現代の性とはだいぶ違う神話的なセクシャリティですね。今の人からすると不思議な世界観であることは確かなのですが、実は資料が不足していてよくわかっていない点も多いのです。

ただ、確かなことは、古代ギリシャでは、今でいうヘテロセクシャル＝正常、ホモセクシャル＝異常、というカテゴリーは存在しておらず、そうした正常／異常の二分法とは違って、現代とは別の性のあり方、セクシャリティの様態があったということです。

5　前掲書、p.81

古代ギリシャの少年愛

ここで、こんな神話が生まれた時代情勢を少し見てみましょう。[6]
現代では、男と女の恋愛が「正常」で一番望ましいこととされています。ゲイとかレズビアンはちょっと……と思う人が多かったりする。やはり人類は男と女がカップルになるのが「自然」で「普通」だ、ということです。
しかしながら、古代ギリシャでは一時期、もっとも価値があり「正常」であったのは男性同士の愛でした。
そうして少年である間は——彼らはもともと男性の片割れだから——成年男子を愛し、

またこれと一緒に寝たり抱擁し合ったりすることを喜ぶ。しかも、これこそ少年や青年のうちで、もっとも優秀な者なのである、なぜなら彼らは本質上もっとも男性的な者だからだ。なるほど世間には往々彼らを無恥だという者もあるが、それは当たらぬ。彼らをそうさせるのは無恥ではなく、むしろ大胆と勇気と男らしさだからである、彼らは自分に似た者を尊重する。その有力な証拠は、成長するや、一人前の男子として政治生活に参加する者は独り彼らに限るということである。ところで、いったん壮年に達するや、彼らは少年を愛する。結婚や子供を作ることなどには生来関心するところなく、むしろただ慣習によってそれを強いられるに過ぎない。結婚せずに友と一生を過ごすことができれば、それで彼らは満足するのである。つまりこの種の人はきっと少年の愛者となり、また愛者の友となる。彼は常にその同類を尊重するからである。(7)

激しく男性中心主義ですが、日本の戦国時代も似たようなものです。戦乱が多い中で軍事国家を立ち上げなければならない時には、どうしても軍隊のモラルが社会の規範になりがちで、自然と男性中心主義になるのでしょうか。

6　古代ギリシャの性道徳、ジェンダーのあり方については、やはり碩学K・J・ドーヴァー、『古代ギリシアの同性愛』、青土社、２００７、を読むのが一番です。ついでドーヴァーの仕事を批判的に受け継いだＤ・Ｍ・ハルプリン、『同性愛の百年間』、法政大学出版局、１９９５、が圧巻です。

7　プラトン、『饗宴』、久保勉訳、岩波文庫、１９５２、p.82

立派な徳のある男性は少年を口説く

ともかくそんな男性中心主義の中にあって、男同士の愛は男女間の愛よりも上位に来ます。社会を動かすのは優れた男であり、その男同士の結びつきが大事だ、というわけです。そしてこれが少年愛のシステムにつながっていきます。詳しく見てみましょう。

当時はとりあえず戦争ばかりで、小さい都市間での潰し合いが日常茶飯事でした。そうすると、それぞれの都市にとって、戦士が重要になってきます。いかに戦士を育てるか。そして戦士を統率する政治家をいかに育てるか。そのためには、勇気、忍耐、自己節制、そして知性の教育が必要不可欠になってきます。

若者にこういった戦士としての徳、支配者としての徳を教えなくちゃいけない。誰が教育に当たるのか？　有力な兵士や政治家、つまり中年のおじさんが若者の教育に当たることになります。

ここまではいたって普通の考え方で、現代日本人にも納得できることなのですが、ここから古代ギリシャは「暴走」していきます。

最良の教育、おじさんが少年にする最良の教育はいかにあるべきか？　それはおじさんが少年に恋愛するのがいい。

この有力者から少年に向けられた愛こそが少年愛であり、最も素晴らしい、あるべき愛の形だったわけです。しかも少年限定で、しっかりと12歳から18歳まで、という年齢制限付きです。

少年の方は、有力な政治家について服従の精神を学び、師に対する感謝の気持ちとともに、性的関係を結ぶ。逆に出世を望む少年は、有力なおじさんの誰からも声がかからないと恥ずかしい。恥ずかしいだけではなく、将来もない。だから進んでおじさんに好かれようとするようになります。

おじさんもおじさんで、女性の魅力には興味を示さないのに、少年のもつ魅力にメロメロになる、というのはいたって普通のことでした。

しかしこれは、現代でいうところの「ゲイ」とは違います。有力なおじさんは、少年に惹かれるけど、普通に女性とも関係を持って子供を作る。それが規範です。だから今で言う両刀が普通なんですね。

少年は、有力なおじさんから、勇気とか節制とか知恵を学んでいく。もちろん権力の中枢にいる名士と関係をもつことは、出世するための人間関係を作ることにもつながったのは言うまでもありません。そんな事情もあり、少年は感謝とともに体を捧げる。そして立派な大人になったら、今度は若い美しい男の子をセックス込みで導いていく。

そのために、立派な徳のある男性は、若い人を口説きます。真の男とは、両刀であるべきだ。しかし同性愛の相手は少年に限る、というわけです。

少年を口説く時は鶏が必須アイテム

こうした少年愛のシーンは当時の陶器に山ほど書かれています。いくつか具体例を見てみると、こんな感じです（図2、3）。

図2にはいろいろな口説きのシーンが描かれています。有力な男性から割と若い男性まで、少年が好きなんですね。このタイプの少年愛は、実はかなり権力ゲーム、という側面があります。なぜなら少年は、自分から性的な快楽を求めたりしてはいけなくて、常に受動的でなければ「変態」とされたのです。年上の男性は少年を導き、かつ支配するために性的関係を結ぶ。年上は常に「攻め」で年下は「受け」、これ以外は認められませんでした。

図3も「おじさん、何やってるんだ」と突っ込みたくなるシーンですね。どさくさに紛れて少年の性器を手に取る有力者のおじさんが描かれています（右から三人目）。ここでもやはり権力ゲームが問題になっていて、年上の男性が支配者であり、少年は年上を崇拝し、受動的に身を捧げるべきである、というモラルがありました。言い換えれば、このモラルは恋愛に関する強い束縛となっていた、ということでもあります。

図2

図3

図2～4出所：K. J. ドーヴァー、『古代ギリシアの同性愛』、中務哲郎・下田立行訳、青土社、2007

付言しておくと、一応少年にも拒否する権利はあり、レイプはやはり罪でした。大人の方から少年の気を惹かなくちゃいけない。自分がいかに徳があって、勇気があって、知恵があるかを見せる。そのための口説き方が決まっていて、例えばこんな感じです（図４）。

左側の男は何をしているのかと言えば、少年を口説いています。一昔前に、女性を口説く時には花を一輪、デートの際にもっていくとか、バラの花束を送るとか、ありましたが、古代ギリシャでは花の代わりに鶏だったんですね。鶏をあげるのは、告白の一般的な形式で、お目当ての少年を口説く時にはよくある贈り物だったのです。

図４

「寝ても覚めても君のことが忘れられない。僕の頭の中は君のことでいっぱいだ。僕と付き合ってくれ。はい鶏」という情景がいたるところにあったのでしょうか。逆に鶏をもった男が街中を歩いていれば、「お、あいつ鶏持ってるわー。これから告白しにいくぜ、足震えてるよ、かわいそうに緊張してるなあ」などと見られたのかもしれません。

この話は、恋愛にまつわる慣習がいかにコード化されているか、ということを理解させてくれます。そしてそのコードは変わりうる。数百年後にまだ人類が生存していたら、バレンタインデーのチョコレートも、古代ギリシャの鶏のように、大笑いされる慣習であるかもしれないわけです。

エロス神の信仰

まとめてみましょう。

失われた統一性を求めて、恋をする。もともと一つであった、その片割れを探して恋をする。その片割れは同性であるかもしれないし、異性であるかもしれない。生意気で神に背いたから、二つに切られてしまった。そこから切り離された半身を求めて、人は恋をする。これが古代ギリシャ人が考えた恋愛の一つの理論です。性欲も愛欲も、こんなふうに神話で説明していきます。

そしてこの神話では、男性同士の愛が最も価値が高いものとして位置づけられています。この神話は、少年愛が社会のシステムに組み込まれ、その中で重要な役割を果たしていた時代に生まれたものです。

つまり、少年愛こそが社会にとって最も有益で、最も正しく高貴な恋愛の形である、という社会通念が前提にあった。少年愛に規範を設け、これで社会をコントロールする。このようにしてこそ社会は正しくまわるのだ、という考えがこの神話の背景にはあったわけですね。

この少年愛のあり方はまた、エロス神の信仰と結びついています。愛人と再会した時に一つになりたい、という性欲はエロス――これは「エロい」の語源ですが――エロスの神に結びつけられる。いわば性のエネルギーが神聖なものとして称揚される。そしてそのエロスの向かう先はギリシャ人特有の「統一性」でした。

われわれの原始的本性（原形）がこれであり、われわれが全き者であったというところにある。それだからこそ全き者に対する憧憬と追求とはエロスと呼ばれているのである。こういう訳で、われわれは、それ以前には、前述の通り、全一であった。それが今では不従順の故に互いに神に引き裂かれているのである、ちょうどアルカディヤ人たちがラケダイモン人に引き裂かれたように。だからもしわれわれが神々に対しておとなしくしないならば、もう一度引き裂かれるという恐れがある。…それ故にあらゆる人はあらゆる人に向かって神々を敬うように勧めなければならぬ…われわれが愛の目標に到達し、そうしてあらゆる人が昔ながらの本性（原形）に還元しつつ自分のものなる恋人を獲得する時、ただその時にのみ人類は幸福になることができる、と。これが最良のものであるならば、現状のもとでは、それにもっとも近いものこそ最良のものでなければならぬ。しかもそれは、われわれの心に適う種類の恋人を見つけ出すことにある。(8)

現代の出会い系アプリや、婚活産業では、結婚して幸せになるのがいい、という価値観を押しつけてくることがほとんどです。それは社会による洗脳の一形態なのですが、この引用のように、古代ギリシャは古代ギリシャで「恋をしようぜ」的な言説がありました。しかしそれは少年愛がモデルです。言ってみれば少年愛的な性愛を規範として押しつけてくる洗脳があったということです。その洗脳の根拠は、エロスの神を賛美することでした。エロスの神の世界にはなかなか到達できないけれど、その世界に少しでも近づくために、恋をする。そういう心の動きは、神に対する信仰として捉えられています。

そしてエロスの神の統一性とは、先に見たような人間の原型、手足が四本ずつある怪物、超人的な力をもっていた怪物だというわけです。

8　前掲書、p.76

プラトンのイデア論

さてこの統一性、この超人的な力というのは何なのでしょう。「全き者に対する憧憬と追求」がエロスと呼ばれている、というのはどういった信仰なのでしょう。

ここで話は一気にプラトン哲学、イデア論に飛んでいきます。

このイデア論は、欧米の文化の中に深く深く入り込んでいて、西洋の考え方の一つの基礎になっています。もちろんたくさん批判はされるのですが、基本的な発想、そして様々な言葉、表現の中にイデアリスムが深く深く染み込んでいる。

そして、この伝統と発想をもっていない日本人、日本語というシステムの中では、このイデア論は非常にわかりにくい。今もって日本に染み込んだとはとてもいえない代物で、私の見るところ、これが日本の恋愛と西洋の恋愛の大きな差になっています。

日本人にとってかくも馴染みにくいイデア論とは、一体何でしょうか?

ものすごく簡略化して言うと、神の見ている世界のことです。天上界の神様は人間には見えないものを見ています。物事の究極の本質、偽物ではない本物のリアル、実在。それがイデアで、その中の王様は、真であること、善いこと、美しいことそのものです。

ここでとても難しいのは、イデアというのは具体的に、正しい考え、善い行い、美しいオブジェや人のことではなく、正しさそのもの、善さそのもの、美しさそのものだということです。

こうした抽象的な概念を「見る」ということ、いや実際は神様にしか見えないので、それがあるはずだ、あるに違いない、と信じること、つまり信仰になるのですが、これは日本語のシステムでは非常にわかりにくい。日本語でわかりにくいものはどうするかというと、とりあえずカタカナにして、わかった気になります。イデアとは何か。よくわからなくとも、とりあえずこうカタカナで書いておけば、なんとなく外国由来のかっこいいものなんだ、ということになります。[9]

日本人のイデア理解、イデア受容を見ていくと、それはそれで非常に面白いのですが、また別の機会に譲るとして、今はギリシャの恋愛とイデア論の関係を見ていきましょう。

恋に狂った人を恋人に選ぶのが善いか、恋していない理性的な人を恋人に選ぶのが善いか、という議論が展開される『パイドロス』からの引用です。

さて、天界においては、まずここに、偉大なる指揮者ゼウス、翼ある馬車を駆り、万物を秩序づけ、万物を配慮しながら、先駆けて進み行く。これに従うのは、11の部隊に整列された神々とダイモーンの軍勢…この天の彼方の領域に位置を占めるもの、それは、真の意味においてあるところの存在――色なく、形なく、触れることもできず、ただ、魂の導き手である知性のみが見ることのできる、かの《実有》…についての知識なのだ。されば、もともと神の精神は…けがれなき智とけがれなき知識によって育まれるものであるから、今久方ぶりに真実在を目にして喜びに満ち、天球の運動が一回りして、元のところまで運ばれるその間、もろもろの真なるものを観照し、それによって育まれ、幸福を感じる。一巡りする道すがら、魂が観得するものは、《正義》そのものであり、《節制》であり、《知識》である。[10]

人間の曇った目には見えない、完璧な正義、変わることがない、すなわち本当の意味で実在している正義、あるいは節制、あるいは知識。こうしたものは、色も形もなく、手に取ることができないものです。言ってみればこれは概念です。

ちなみに概念という言葉は、英語では idea、フランス語では idée と、イデアと同じ単語を使います。ただしイデアは単なる概念ではなく、完璧な概念、完璧な神の知恵、知識の総体を指すことになります。

こんな言葉の使い方を見ているだけで、ヨーロッパにいかにイデア論が浸透しているのかわかるのですが、日本語では「イデア」と「概念」と、「アイデア」がそれぞれ関係のない別の概念として使われています。いわばその共通の根がほとんど見えなくなっているのです。

イデアは「見る」というギリシャ語の動詞から来ている言葉ですが、日本人にとってはそんな語源などまるで「見え」ません。だから日本人にとって、イデア論を理解するのが難しいのですが、もうちょっと頑張って見ていきましょう。

9　プラトンのイデア論については、例えば、ミヒャエル・エルラー、『プラトン』、講談社選書メチエ、2015、第8章が一番信用できます。また比較文学的視点から書かれたものとしては、小坂国継、『鏡のなかのギリシア哲学』、ミネルヴァ書房、2017、が面白いです。

10　プラトン、『パイドロス』、藤沢令夫訳、岩波文庫、1967、p.72–74

プラトニッククラブの起源

人間の魂はもともとこの神の行進に付き従っていて、真実なる世界を見ていたのですが、悪徳のせいで翼を失い、地上に堕ちて、この真実の世界を忘れてしまいます。

ところが人間の中でも、この真実の世界をたくさん見たおかげで、なんとなく覚えている人たちがいます。これが哲学者です。哲学者は、かつて見ていた神々の完璧な知、イデアの世界、抽象的な概念の体系を思い出そうと、頑張って考えるのです。イデアの世界を愛し、これを思い出そうとするのが哲学者。これがプラトンの想起説と呼ばれるものですね。

そしてこの文脈でやはり恋が出てきます。人間がいかにして天上の世界から堕ちてきてしまったのか、という説明です。

真実在をこれまでに最も多く見た魂は、知を求める人、あるいは美を愛する者、あるいは音楽を好むミューズのしもべ、そして恋に生きるエロスの徒となるべき人間の種の中へ[11]。

イデアの世界を愛する人は知を求め、美を愛し、音楽を好み、そして恋愛に生きる。この愛というのは、美しい何かを求める、というわけではなく、美しさそのもの、形も色もない、イデアの世界の美の概念を追い求めることを意味します。

すると、実は少年の美しさに対する肉体的愛はレベルが低い、ということになります。もっとレベルの高い愛は、知恵に対する愛、知識に対する愛、イデアの世界にある美そのものに対する愛です。ちょっとキャッチフレーズ的に言えば、「イデアの世界に恋をする」、これこそが本当にエロい。これがプラトンの考え方であり、プラトニッククラブの起源です。

すなわち、どんなに美しい少年がいたとしても、私はそういう肉体愛には陥りません、私は美を愛しますが、それは少年の美を見ていると、イデア世界の美を思い出しそうになるからです、私は具体的な美、うつろいやすい美ではなく、永遠に続く、本当に実在する美を愛します、真理を求めます、知の体系の中の美を求めるのです、すなわち哲学者です、というわけです。

プラトニッククラブは、もともと女性に対する愛の話ではなく、若者がどんなに魅力的でもおじさんは手を出さないよ、という愛でした。

こうして見ると、やはりイデアは神話であり、日本を産んだイザナギとイザナミの性の交わりのように、ある意味では荒唐無稽な話なのですね。しかしながら、日本人の思考の中に深くアニミズムが根付いているように（宮崎駿の映画などは大体そうですね）、このイデア論も西洋の思考の中に深く根付いています。

11　前掲書、p.76

哲人ソクラテスは誘惑の達人

最後に、プラトン初期の傑作『メノン』を引用してみましょう。

これは哲人ソクラテスがメノンという若者、当代きっての美青年で国の支配者アリスティッポスの寵愛を受けていた若者の訪問を受けた時の話で、それをソクラテスの弟子のプラトンが脚色して書いたものです。

メノンは、これまた当代きっての弁論家ゴルギアスから弁論術を授かり、非常に弁が立つ若者です。彼は自分の才能を認めてもらおうと、ソクラテスのところに言わばある種の道場破りのような形で来たわけですが、しっかりソクラテスに説き伏せられてしまう。それを弟子のプラトンが記録している、という体裁の作品が『メノン』です。

ここにはソクラテスのこんなセリフがあります。


君は、議論においてああしろ、こうしろと言ってばかりではないか。それは、若くて美の盛りである間、讃美者に対してずっと専制君主のように振る舞えたために、甘やかされ、わがままになってしまった人々がやることなのさ。それに君は同時に、わたしが美

少年にからきし弱いということにどうやら気づいたようだね。(12)

二人は徳に関する議論を展開しているのですが、これは真面目な議論であると同時に、誘惑のゲームになっています。

ソクラテスは醜男だったのですが、とても頭が良く、弁が立って魅力的だったとされています。彼は「美少年に弱い」なんて言いながら、その実、肉体的な誘惑にはめっぽう強いことで有名でした。なにせ哲学者ですから、そんな物質的な美は低次元で、もっと高い次元の美のイデアを追い求める存在だ、という話です。

そんなソクラテスがここで発している言葉は、私を誘惑できるものならしてみたまえ、といった挑発と取ることもできます。私は美少年に弱い、なんて言っておきながら、実は肉体的美には絶対に屈従しない、誘惑されない。そして同時に少年のわがままをからかい、自尊心を刺激するのです。

君は弁論術を学び、有力者の恋人になって、庇護してもらって、有頂天になって、徳についても自論を説得的に展開できて知性的だ、なんて思ってるだろうけど、僕に言わせれば君は有徳の士ではないし、そんなに弁も立たないのさ、というわけですね。

こんなことをされたらメノンとすれば、意地でもソクラテスに自分の価値を認めさせてやる、となり、ソクラテスにはまっていく。こんな誘惑的なセリフが『メノン』には多く見られます。

このように、知の探求、イデアの探求と若者とおじさんの間の恋愛や誘惑のゲームが一体になっているのが、古代ギリシャの恋愛観の一つの特徴なのです。

12　プラトン、『メノン　徳について』、渡辺邦夫訳、光文社古典新訳文庫、２０１２、p.46

現代の恋愛と比較して

現代の日本の恋愛と比べると、明らかに違うのは、この知的な探求と色恋沙汰が微妙に接合している点です。

日本では知的探求に価値を置くやり方、頭がいいのがカッコイイとする「萌え」方は、ヨーロッパほど一般的ではありません。そもそもが知的なものに対する憧れよりも、つまりイデア的な憧れよりも、実生活の中でいかに周囲とうまくやっていくのか、という同調圧力の方が強く働きます。だからこそ、知的な探求、イデアの世界への憧れが「エロい」という発想は、おそらく皆無でしょう。

誘惑者ソクラテスをマンガやアニメで、ブサメンでありつつセクシーに描くのは、至難の業、ということになります。その意味では現代日本の恋愛とソクラテスの愛の間には、大きな断絶があります。

また、当時の教育と少年愛、社会のシステムのあり方をアニメや映画にすることを考えると、まあ、ほぼ間違いなく現代ではショタもの、さらにはセクハラものの18禁アニメ、18禁映画にカテゴライズされるはずです。つまり、それは一部のマニアにしか受けない、一般的に共感されにくいものであるわけです。しかし古代ギリシャでは、それが「普通」で「正常」なことであった、というのが面白いところです。すなわち、こんなアニメも、古代ギリシャにＮＨＫがあったなら、そこの教育番組として放送されてしまうであろう、ということです。

とはいえ、何も共通点がないかというと、そうでもありません。例えばアリストファネスの愛の起源の話を授業でするると、食いついてくる学生も少なくありません。恋愛にあって、そう考えざるを得ないほど、一体になりたい、という欲望はよくわかる、と彼らは言います。また、プラトニックラブについても、イデア論の話はよくわからないけれど、肉体的な愛ではなくて、精神的な愛が大事という意味では正しいと思います、という学生も多くいます。

先回りして言ってしまうと、こうした学生の意見は、おそらくイデア論を下敷きにしたロマン主義の恋愛観（第5章参照）が輸入された、その名残であると考えられます。

とりあえずは、古代ギリシャの恋愛観はこのくらいにして、次には古代ローマに目を向けてみましょう。

第2章　古代ローマの恋愛

ギリシャからローマへ

ヨーロッパ文化史をものすごく大雑把に数行でまとめるとこうなります。

紀元前8世紀～前4世紀くらいに、古代ギリシャに哲学や数学など非常に優れた文化が生まれました。ローマは軍隊はやたらに強かったのですが、大した文化をもっていませんでした。前2世紀には、ローマがギリシャを制圧しますが、洗練された文化をもっていなかったローマは、文化的には古代ギリシャを模範として、そこに自前の文化を混ぜ合わせてローマの文化を作り上げました。そしてこの古代ギリシャ、ローマが、ヨーロッパ文化の基礎になったのです――。

かなり乱暴な言い方なので、教科書にはあまり載っていないのですが、こんな感じで考えておくと、いろいろ見通しが良くなります。

今のヨーロッパの人に古代ローマのイメージを聞くと、例えばこんな答えがよく返ってきます。

自分たちの文化の源流で、すごく似たところもあるのだけれど、ものすごく野蛮で異質なところもある――、と。

現代ヨーロッパ人にとって、近くて遠いローマの性愛文化を見てみましょう。

ローマの愛にまつわる神々

先にプラトンの恋愛論・イデア論が、ギリシャの神話と結びついていることを見ました。そのギリシャの神々がローマに流れてきます。基本的にギリシャ神話がモデルなのですが、いろいろと土着の神話も混ざり、ローマの神話の世界はかくも豊かでかくも多くの神々がいて、ローマの人々の心のあり方を陰に陽に規定していました。

1000年もの長きにわたって存続したローマ帝国ですが、地域ごと、時代ごとに様々な信仰の形があり、なかなか一言では言えないところがあります。その中であえて、ローマの神と言えば、愛の神ヴェヌス、いわゆるヴィーナスが有名です。

これはギリシャ神話のアフロディテ=愛の神様が原型になるのですが、ローマのご当地の神であるヴェヌスと混ざっていきます。

細かく見るといろいろと複雑なのですが、概して初期は農耕の神、実りをもたらす神だったのが、次第に人と人との結びつき、愛をつかさどる愛の神、生産、豊穣、出産をつかさどる神となっていったようです。

図5　ティツィアーノ『ヴィーナスへの捧げもの』

愛の神様ヴェヌスは他人を恋させるだけでなく、自分でも積極的に恋愛します。ローマの建国神話によれば、ローマを作ったのもヴェヌスと人間の子です。ここら辺は、多少アマテラスと天皇家の関係に似ていると言えば似ているかもしれません。

図5は、ルネッサンス期の巨匠ティツィアーノによる『ヴィーナスへの捧げもの』です。リンゴをヴェヌスに捧げるクピードーの姿が描かれています。豊穣、出産のイメージが強く出ていますね。

クピードーは、ヴェヌスの子供でこれも愛の神です。恋のキューピッドと言えば、皆さんも聞いたことがあるでしょう。矢をもった子供の姿をしていて、この恋の神に金の矢でハートを射られると、恋に落ちてしまいます。

これはギリシャ神話のエロスと同一視されています。先にギリシャの恋愛を見た時に、ひたすら賛美されていたエロスですね。もともとエロスは、世界の初めにいた始祖神ともされ、ギリシャ神話では男性の姿で彫刻になっていたりするのですが、ローマでは子供の姿になってしまいます。矛盾していると言えば矛盾しているのですが、神話の世界ではよくあることです。

クピードーも愛の神様で、子供の姿をしていますが信仰の対象です。日本文化の中でキューピッドを信じている、なんていうと変な話に聞こえますが、要はこういうことです。

人が恋に落ちて胸が苦しくなる、もうまるで欲望がコントロールできない、といった状況の解釈として、これはハートを金の矢で射られたからだ、神様に心臓を貫かれてしまったからだ、と考える。あるいは、この人は大っ嫌いで逃げずにはいられない、という抑えられない嫌悪感があった時、その理由として、クピードーが鉛の矢で心臓を貫いたから、こう思うんだ、と解釈する——。

人間の抑えられない感情の起源として、愛の神クピードーがいる、という信仰です。

そしてもう一つ有名なのが酒の神バックス。これはギリシャのデュオニソスが原型です。

図6　ウィリアム・アドルフ・ブグロー『若き日のバックス』

こちらも愛の神ですが、もっと狂気じみています。やはり豊かさをもたらす神様だったのですが、もっと激しい性的な力、生命の狂気じみた力、乱痴気騒ぎの祭りの神でした。

このデュオニソス・バックス信仰はローマのいたるところで流行っていたのですが、本当に危ない信仰だったようです。バックスの祭儀の中では、乱交から人殺しまで、よく起こっていたようで、これはやばい、という話になりました。そこで、ローマの元老院はバックスの祭儀は危険だから、もっと平和な愛の神ヴェヌスに信仰の中心を移そう、とバックス信仰を禁止したりしています。

図6は、ウィリアム・アドルフ・ブグローという19世紀のフランス画家が描いた、『若き日のバックス』です。狂気の神、乱痴気騒ぎの神、ぶどう酒の作り方

を教えた酒の神バックスが中央に描かれています。天使やら半人半獣やら精霊を伴い、乱痴気騒ぎの大行進になっています。

ローマの性愛

そんな愛の神様がいる中で、ローマ人はどんなことを考え、恋愛していたのか。

くどいようですが、ひとくちにローマといっても１０００年も続いているわけですから、社会体制や風俗、習慣、考え方のいろいろな変化があったわけで、簡単に断定することはできません。さらに、恋愛事情がどうだったか、ということについては資料も少ないですし、よくわからない、というのが本当のところです[1]。

と、そんな腰が引けたことばかり言っていてもしょうがないので、一言で強引にまとめてしまいましょう。

古代ローマの恋愛感は、女は強い男がゲットするモノだ、という考えが基本です。

まだ我々がイメージする「恋愛」というものはあまりなくて、愛と言えば常に肉体関係が伴ったようです。野蛮で乱暴な軍人文化をイメージしてください。この世は戦場、力比べが全て、女も力で奪い取れ、女は戦利品だ、という身もふたもない考え方です。

後進国だった頃のローマは、その素朴な考え方からか集団的傾向や軍人的な価値観が強く、女性は、戦争の戦利品であり、奴隷と同じようなものでした。純潔や処女性が大事という考え方もありましたが、それは極言すると、女は「もの」だから新品の方がいい、という考え方と同じです。

この考え方は、現代からするととんでもない、と言われそうですが、細かく見ると、ローマの中でも次第に女性の発言権が増していきます。この点でよく引用されるのがオウィディウスですが、これは後で見ることにしましょう。

古代ローマの性愛に関して、バックス信仰と並行して有名なのが風俗の乱れです。その最たるものはメッサリナ売春皇女や、皇帝ネロの乱痴気騒ぎなどでしょう。

前者は王女だったにもかかわらず、夜な夜な売春宿で客をとり、閉店まで一般人相手に楽しみ、快楽の叫び声が町中に響き渡ったとか。後者は、自身が公衆の面前で男の奴隷を犯し、さらには自分を奴隷に犯させ、挙げ句の果てに殺す、などの意味のわからない逸話が多々残っています。[2]

ただ、こういうエピソードは、政敵が皇帝を失脚させるために書いたものや、あるいは後々の皇帝が自分を正当化するために書かせた資料だったりするので、本当のところはよくわからないのですが、そういう資料でもあまり荒唐無稽なことは書けないので、ある程度は史実だったとみなすのが妥当です。

そんなこともあって、野蛮で男性中心主義で、性的に自由で放埒なイメージがあるのですが、同時にそこは偉大なるローマ。オウィディウスのような非常に繊細で洗練された恋愛論を書く詩人も現れました。

1　ローマ人の恋愛文化については、本国イタリアでベストセラーになった、アルベルト・アンジェラ、『古代ローマ人の愛と性　官能の帝都を生きる民衆たち』、関口英子・佐瀬奈緒美訳、河出書房、2014、がキャッチーで読みやすいでしょう。もうちょっと堅い学術書としては、ローマ研究の大御所ピエール・グリマル、『ローマの愛』、沓掛良彦・土屋良二訳、白水社、1994、が翻訳で読めます。

2　スエトニウス、『ローマ皇帝伝』、國原吉之助訳、岩波文庫、1986。ローマ皇帝の奇妙な性癖についても、どこまでが真実なのかよくわかっていませんが、多くの小説や絵画がこの主題を扱っていますが、衝撃的、という意味では、創作も交えたアントナン・アルトー、『ヘリオガバルスまたは戴冠せるアナーキスト』、多田智満子訳、白水Uブックス、1986、がおすすめです。

愛の詩人、オウィディウス

ローマで愛の詩人と言えばこの人、オウィディウス（紀元前43年〜紀元後17か18年）がいます。(3)

この人は『恋愛指南』という本を出版して、高い名声を得ます。その後、その他の恋愛詩と合わせ、この詩人の作品は良俗に反するというので、島流しにあってしまいました。

この『恋愛指南』はローマの恋愛を知る上で、もっとも素晴らしいテクストの一つです。オウィディウスの壮麗なラテン語の文体は、ちょっと現代の日本人にはわかりにくいのが残念です。冗談と諧謔《かいぎゃく》、皮肉とパロディに満ちた作品なので、書いてあることを鵜呑みにするわけにはいきません。なかなか一筋縄ではいかない本なのですが、この本には古代ローマにおいて、どのように恋愛をすべきか、ということが書かれています。

女性をどう落とすか、という恋愛術からはじまり、どのように恋を長続きさせるのか、という話を経て、さらには神話の世界の恋愛を謳いあげる壮麗な本ですが、これまただいぶ我々の時代の恋愛とは趣が違う。それをちょっと見ていこうかと思います。

まず彼の基本的な恋愛観は「恋は戦場」というものです。実は彼より前に同じことを言っていたローマ人もいるのですが、オウィディウスが一番有名です。言い方がかっこよかったんですね。直訳すると『恋の技法』と名付けられたこの本は、こう始まります。

もしも、わがローマ人の中で、人の愛し方を知らぬものがあれば、みなこの詩を読め。

そして技法を身につけてのち、人を愛するが良い。船が帆や櫂《かい》により、素早く進むのも、技法があってのことである。戦車が軽やかに走るのも技術によってである。されば愛もまた、技法の指導の下に、行われなければならない。……愛の戦場に兵士としてはじめてうって出ようとする者は、まず第一に愛する対象となる相手を探すべく努めることだ。ついで心を砕くべきは、これぞと思う女性を口説き落とすことである。三番目にはその愛が長く続くよう努めること。……私が駆る戦車もここに沿って轍《わだち》を刻むことになろう。(4)

オウィディウスは、ともかく皮肉と諧謔の名手で、『恋愛指南』もローマの他の大作家のパロディの要素が強い。要するに冗談で言っているところがあるので、どこまで本気で言っているのか、学者の間でも論争になっています。上記の引用も当時の教訓詩のパロディで、ローマの読者はこれを見て大笑いしたようです。

まあ、当時のローマ人の笑いのツボは想像するのが難しいので横に置いておくとして、恋は戦場である、という考え方がここにはっきりと出ています。恋人は「兵士」であり、恋愛の場は「戦場」である。そこでは、何よりも船や戦車を操る技術がものを言う、ということです。こんな比喩の使い方にもローマ人の軍人気質がにじみ出ていますね。

恋は男同士が戦う場所、そこは人のモノを力で奪い取る場所、女は勝者が得る戦利品、という考え方が背景にあります。

このローマの大詩人は、壮麗なラテン語で、神話を引用しつつ、パロディ化してこういう考え方を語るのです。

ここにははっきりと男性による女性蔑視が見て取れます。実際、ここからオウィディウスが展開する論をまとめてしまえば、女性なんて、単なる「もの」「動物」で、あいつらの言っていることなんか信用しちゃいけない、優しいことを言って、プレゼントをあげて、いい気にさせたら、もう強引にイケ、という考え方です。

例えばこんな一節があります。

> 女が接吻を与えてくれなかったら、与えられないものは、奪ったらよかろう。はじめのうちはきっと抗って「失礼な人ね」と言うだろう。だが抗いながらも、女は征服されることを望んでいるのだ。[5]

「いやよ、いやよも好きのうち」という表現が日本語にもありましたが、今のモラルではこれはとんでもないこととされています。女は男の所有物ではない、女性にも人権がある等々。しかしながら古代ローマにはそんな考え方はありません。「与えられないものは、奪ったらよかろう」というのはいかにもローマの軍人気質です。

3　もちろん他の詩人もいて、愛の歌われ方も様々でした。その他の例については、ポール・ヴェーヌ、『古代ローマの恋愛詩　愛と詩と西洋』、鎌田博夫訳、法政大学出版、１９９５、を参照。

4　オウィディウス、『恋愛指南　アルス・アマトリア』、沓掛良彦訳、岩波文庫、２００８、p.7（訳文はラテン語、フランス語訳、英訳に照らし合わせて多少変更を加えている。以下同様）

5　前掲書、p.46

「サビニの女たちの略奪」

そもそもローマの建国神話の中には、国に女性が不足して滅亡の危機に陥ったから、隣国サビニから女性を略奪し、子供を作り、そして国が滅びるのを防いだ、という言い伝えがあります。いわゆる「サビニの女たちの略奪」という建国神話です。

言ってみれば、ローマは建国神話から略奪とレイプでできているわけです。これはローマ人の大胆さや勇気、女性の受難を表現する主題として、ルネサンス期の画家が好んで描いたシーンです。

図7　ピエトロ・ダ・コルトーナ『サビニの女たちの略奪』

17世紀のイタリアの画家、ピエトロ・ダ・コルトーナの傑作を見ると雰囲気が伝わるかもしれません（図7）。この絵画からも、女は戦いに勝利した男が持ち去る戦利品、という考え方がはっきりと見て取れますね。「はい、これ俺のモノな」「俺はこっちな」と言っている兵士の声が聞こえてきそうです。

ローマの結婚式では、このサビニの略奪を再現する慣習がありました。すなわち結婚式の日に、花婿は花嫁の家に行って、実際に花嫁を担いで外に出るのです。

いくら建国の伝説だからといって、結婚を祝福するために、略奪レイプシーンを再現するなんて、現代の感覚からすると狂気の沙汰かもしれませんが、それだけローマ人は軍人気質だった、ということです。そしてこの軍人気質は、恋愛感情を抑圧し、束縛するものでもあったことでしょう。

こんな話をすると、学生からは、ローマの文化は非常に粗暴なのでびっくりした、という感想が出てきます。確かにそう思いたくなるところでしょう。

ところが、現代ではこんな考え方が完全になくなったかというと、残念ながらそういうわけでもありません。洋の東西を問わず、レイプ犯は次のように言い訳することが知られています。「俺は悪くない、あの女は嫌がっているように見せてはいたが、実は喜んでいたのだ」と。オフィシャルな場面ではオウィディウス的な発言はアウトなわけですが、悲しいかな、このような考え方は今の日本でも、あるいは世界中どこにでも、犯罪者の言い分としてまだ根強く残っていると考えていいでしょう。

こんなことを言うとレイプ犯を弁護しているようで居心地が悪いのですが、実際、今現在でも、「征服される喜び」が皆無かというとそうではありません。「壁ドン」の流行が示すように、イケメンに逃げ道を塞がれ、壁に押しつけられ、キスをされる、というのは現代の若い女性にとっても、ある種の理想的なキスのされ方でもあるわけです。もちろん、相手に好意を抱いている、という前提が必要ですが。

これは、男性の草食化の反動であるわけですが、男らしさのモデルとして、女を征服する、というのは、まだ日本でも機能している、と言えそうです。

実際に女子学生に授業中にアンケートをとると、「強引なキスは可、ただしイケメン限定」という答えが多数返ってきます。すると、男子学生なんかはさらに腰が引けちゃったりします。

なぜなら男性側に、女性に対して強引に行くべき時と、行ってはいけない時を正確に見抜かなければいけない、という義務が負わされているわけで、自分に自信がない男子学生に言わせると、こういうのは「面倒くさい」となり、草食化が進む、という構図があるようです。

交互に表れる女性崇拝と女性蔑視

現代の話はさておき、もう一度古代ローマに戻ってみましょう。女はモノだ、強引に奪い取れ、というオウィディウスですが、非常に面白いことに、同時にキスする時は女性に優しくしなさい、と説きます。

78ページの引用のすぐ後にはこう続きます。

ただ、乱暴に接吻を奪って、柔らかい唇を傷つけたりしないように。手荒な接吻だったと、彼女が文句を言ったりしないようにすることだ。(6)

これは当時とすればとても斬新な心遣いです。女なんて、モノだから、強引にキスしてしまえばいい。けれども、その強引さには必ず優しさが伴わなければいけない。「柔らかい唇」という表現からは、オウィディウスが意中の女性にメロメロになって、モノであるはずの女性を崇拝してしまっている本音さえ感じられます。その柔らかい唇は絶対に傷つけてはいけない、そんなモラルが生じてしまうほど、大事で愛しい恋人を目の前にしているわけです。

そうした女性崇拝があるからでしょう、オウィディウスは、大好きな女性から後々文句を言われるのを恐れている節があります。キスのやり方が、乱暴で下手だった、と言われたら男がすたる、という感覚もあったのだろうと想像できます。あるいは大好きな人から見下されるのが死ぬほど怖かったのかもしれません。

とすると、このオウィディウスのテクストは、女性蔑視と女性崇拝が交互に表れることになります。

事実、オウィディウスの文体には常にそういうところがあり、女性蔑視と女性崇拝、粗暴さと洗練さの間をジェットコースターのように行き来する、といった迫力があります。
これはオウィディウスの矛盾であり、同時に素晴らしく魅力的なところなのですが、ローマ研究の泰斗、マイケル・グラントの指摘する通り、西欧の歴史の中でおそらく初めて、女性も愛の行為の中で喜びを見出すべきであり、愛においては男女平等である、と、このローマの詩人は唱えるのです。(7)

女性はみな、
骨の髄から溶けてしまうほどの
愛の喜びを感じなければならない
そして、その喜びは
男にも女にも等しく訪れねばならないのである。(8)

これは実際の性愛の場面でいかに振る舞うべきか、ということを語っている場面ですが、従来であれば、戦利品であるモノの気持ちなど考えなくて良い、支配する側が快楽を得られればそれで良い、とする見方が支配的でした。

しかしながらオウィディウスは、ごりごりの男性中心主義から、一気に女性崇拝に振れたのちに、最後には男女平等の視点をも獲得します。

女性も愛の喜びを感じなければならない、というのは、確かに男性として女性を喜ばせなければ名折れである、という意味もあったかもしれませんが、オウィディウスは男性だけではなく女性の立場にも立ち、ともに性愛の幸せを感じなければ意味がない、というのです。

この意味で、オウィディウスの歌には女性解放の萌芽がすでに見て取れる、ということもできるでしょう。

オウィディウスが自身の恋愛観を鍛えたのは、解放奴隷たちを相手にしての恋愛だったと言われています。そうした体験から生まれた彼の恋愛論は、奴隷制が当たり前の時代、女性の権利なんて誰も考えない時代にあっては、かなり斬新な視点も含んでいたのです。

6　前掲書、p.46
7　マイケル・グラント他、『ローマ・愛の技法』、書籍情報社、1997、p.89
8　オウィディウス、『恋愛指南　アルス・アマトリア』、沓掛良彦訳、岩波文庫、p.142

古代ローマにも草食系男子がいた？

もちろん、オウィディウスを女性解放の始祖、などと言ってしまっては、笑い出すフェミニストたちも多いかもしれません。

先のキスに関する場面では、オウィディウスは女性崇拝に偏ってしまったのが恥ずかしかったのか、こんなふうに男性中心主義に舞い戻ります。

接吻を奪っておきながら、他のものを奪おうとしない男がいるとすれば、そんな男は与えられたものも失って当たり前と言うものだ。

接吻を奪ってからは、満願成就まで何ほどのことがあろうか。ああ、なんたることぞ。そんなのは恥じらいではない、野暮というものだ。力ずくでものにしてもいい。女にはその力ずくというのがありがたいのである。女というものは、与えたがっているものを、しばしば意に沿わぬ形で与えたがるものだ。どんな女であれ、犯されて体を奪われることを喜び、さような無法な行為を贈り物のように受け取るものだ。(9)

フェミニストがちゃぶ台返ししたくなるようなテクストです。まさに現代のレイプ犯が言いそうなセリフが書かれています。このように、オウィディウスのテクストは女性崇拝から一気に女性蔑視へと急降下していきます。こんな言い方には確かに男女平等の思想はほとんどありませんね。

ただ、詩人がわざわざ断っているところを見ると、ローマの軍人といえども、キスまでして不安になって、そこから先に踏み込まない人もいたことが想像できます。オウィディウスがわざわざ、そんなのは野暮だ、と言っているということは、今でいう草食系男子が古代ローマですらいた、ということを示しています。

すると、このテクストは表面上は女性蔑視のテクストですが、その裏には女性崇拝があり、もっと言うと、崇拝している女性に対する恐れの感情も見え隠れしています。

柔らかい唇と抗いがたい魅力を伴った体をもつ女性の周りを、ある時は崇拝し、ある時は恐れ、ある時は見下しつつ、オウィディウスの意識は飛び回っているわけです。

9　前掲書、p.46

詩人のインスピレーションと不死への憧れ

そもそもローマ神話の体系の中では、愛の神はヴェヌス＝ヴィーナスという女神です。こと性愛に関しては、女性崇拝の極みであるヴィーナスが神として君臨していて、詩人たるオウィディウスはこのヴィーナス崇拝の中でテクストを紡いでいます。

一般的にいって、ヨーロッパの文学の中ではインスピレーションという考え方が非常に重要です。インスピレーションを受けて、すごい作品を作る、というのは日本語にもなっていますが、そのもともとの考え方はあまり知られていません。

インスピレーションとは、古代ギリシャ、ローマでできあがった詩学で、もともと「吹き込む」という動詞から来ているのですが、何を吹き込むかというと、詩の神「ミューズ」が人間の中に降りてきて、そこで素晴らしい音楽や詩を吹き込む、魂の込もった音楽、詩を吹き込むという意味です。

つまり、インスピレーションとは神が自分の中に宿り、ある種の熱狂状態に陥って、その中で作曲、作詞する、「キター!!」という状態のことです。

そして、この考え方の根本にある感情として、不死への憧れがあります。人間は死すべきもの。でも死にたくない。死なないのは神。ギリシャ・ローマの人はいかに神の世界に近づけるか。音楽や詩というのは、不死の世界へ跳躍する試みだったのです。

詩人はインスピレーションを受け、神が体の中に入ってきて、熱狂する。その状態で音楽なり、詩なりを作る。そうして作られた音楽や詩は、死すべき存在であるという人間の性質を超え、不死の属性をもつように見えることがある。自分の中の死すべきものが死んで、不滅の魂がそこに宿る。それこそが芸術作品であり、オウィディウスは、ある程度そういうコンセプトに従って、創作しているわけですね。[10]

だからこそオウィディウスが神話を引用した時には、そうした詩人の不死への憧れに注意しつつ読まなければいけないのです。

その最たるものは、ギリシャ・ローマ神話を独自のやり方で詠いあげた大傑作『変身物語』でしょう。『恋愛指南』は『変身物語』とまたトーンも違うのですが、神話の世界に対する想い、というのは我々の想像の遥か先にある、と考えるくらいでちょうど良いでしょう。

10　実際はそれほど話は単純ではありません。研究書、歴史書には大抵、オウィディウスの時代、ギリシャ神話、ローマ神話などは、老人のする昔話のようなもので、面白がりはするが、誰も信じてはいなかった、と書かれています。オウィディウスも、神話などはまるで信じておらず、ただ楽しみのため、読者を楽しませるために、神話的な修辞を使っている、とみなすのが一般的です。しかしながら、日本とヨーロッパの比較文明論的な観点からすれば、すなわち日本人の感覚に照らし合わせると、オウィディウスはじめギリシャ、ローマの人々はそうした作り話を「信じていた」と言ってしまう方が事実に近いでしょう。それは、ヨーロッパ人にとっては日本人はアニミズムを信じている、なぜなら自然のパワーを恐れているからだ、というのと似たような話です。山の神など、老人の昔話でしかなく、信じていない、と日本人の多くは言うでしょう。しかしながら山の神社に行って、そこで何か神聖なものを感じて、お賽銭などを入れてしまう。それは一つの、弱い信仰の形です。同様に、オウィディウスが、ギリシャ、ローマ神話に親しみ、それを教養として使い、それを使った修辞を楽しんでしまう、ということ自体、一つの信仰である、とみなした方がスッキリするでしょう。

不死への想いで駆動する恋愛への欲望

さて、『恋愛指南』で、先のキスを奪う箇所ですが、次のようなテクストが続きます。

無理強いされるかもしれないときに、手も触れられぬままで男のもとから離れるとなると、顔ではうれしそうに装ってはいても、その実悲しいのである。フォイベは暴力を被ったし、その妹にも暴力が加えられた。力ずくで体を奪った二人共が、奪われた女たちの心に叶うものになったのだ。[11]

フォイベはもともとは、神話の中に出てくる女性で、レウキッポスの娘で、双子のカストルとポリュデウケスに犯され、彼らの妻になります。こうした記述は、オウィディウスの女性観、恋愛観を正当化する根拠、具体例として使われているのですが、そこには詩を通して、文章を通して、神々の世界に参入したい、不死を実現したい、という願いがベースにある、というのは押さえるべきポイントです。

もちろん神話への言及が、すぐに不死の欲望と直結するわけではありません。特にオウィディウスは知性の人なので、そうした熱狂からかなり距離をとって、時には神話をパロディの中に組み入れ、批判的に見ていたりすることもあります。ただ、基本的な構えとして、神々の世界、半神の世界といった、有限な人間だけの世界を超えた、何かしら超越的な世界への憧れ、あるいは信仰が、いろいろなレベルであったのです。

いずれにせよ、ギリシャの恋愛論にあったように、オウィディウスの恋愛論の中にも、神の凄まじいパワー、超自然的な力に対する畏怖、神々の世界に対する敬意と恐れは常にあり、そして不死への欲望も常に働いてはいるのです。

例えばこんな詩句が、オウィディウスのテクストには溢れています。

　真実をこそ詠おう。愛神の母なる女神ヴェヌスよ、あなたの助けをどうか私に。貞淑の印なる細紐よ、わが詠うところからさあ退くがいい。[12]

女神ヴィーナスの支配する神の空間の中で、愛神クピードーが恋の矢を放ちます。そこに途方もない愛、制御不可能な愛情が発生します。そして貞淑な女性が髪を結ぶ細紐を解いて、詩人に体を許します。そこで神的な光に満ちたエロティックな世界の扉が開きます。詩人はそれを高らかに詠うのです。

これは意中の人とセックスができて良かったな、という気持ちを高尚に詠っているだけ、という人もいるでしょう。まあそうかもしれませんが、一方でやはり人間の世界を超えた、超越的な神の世界、永遠の世界への想いがそこにある、と見た方が良いでしょう。

このように、恋愛への欲望が不死への想いによって駆動している、というメカニズムがオウィディウスの恋愛論の中にもあります。人間は有限の死すべきものですが、それを乗り越える。恋をして、誰かと一体になることによって、死を乗り越えようとする、そうした心の動きが、神話の引用とともに加速していきます。

その意味では、先にギリシャの恋愛で見たイデア論と相通じるところが多分にあるでしょう。向から先は、エロスの神、愛神クピードの与える神的な熱狂であり、その中でもたらされる統一的なヴィジョンなのです。

確かに愛の神が引き起こした熱狂は、人を死に追いやり、社会をえらく混乱させることもあるでしょう。ローマの社会でもあまりに盲目的な愛、家の名を汚すような愛はやはり断罪されます。しかしながら、同時にその神の与えた恋の熱病は、それはそれで神聖なものなのです。神が引き起こした熱狂なので、それは聖なる感情であり、途方もない価値がある、という見方がローマ世界には根強くあったのですね。

オウィディウスは、恋愛をネタにして、壮麗なテクストを書く。それは、神を自分の魂に宿して詩を書き、その詩句を通して不滅の存在になってやろう、とする詩人の野心でもあります。そこで神に由来する神聖なパワーである恋愛の力を描くわけです。

確かに今から見ると、男性中心主義的でとんでもないものかもしれませんが、そこに宿る精神的なパワー、その偉大さ、壮麗なラテン語によって描かれるその恋愛の力は、やはりすごい力をもっています。

もちろん、現代日本人の目から見れば単なる迷信でしょう。しかし鰯の頭も信心から。この恋愛にまつわる幻想、信念、信仰はヨーロッパの文化に深く根を下ろすことになります。実際、このオウィディウスの描く恋愛のイメージが、第４章で扱うような中世宮廷恋愛につながっていくことになります。

11　前掲書、p.46

12　前掲書、p.8

ローマの奴隷制

このようなオウィディウス的恋愛論が、どのような社会的な条件とともに発達してきたか、もう少し見てみましょう。

この点については、奴隷制に触れないわけにはいきません。ローマの奴隷制では、人口の4分の3くらいが奴隷だった時期もありました。ギリシャ文明を摂取し、独自に洗練の道を歩み、1000年続く帝国を作り上げるローマ市民ですが、同時に彼らは、絶頂期にはそれはそれは贅沢で退廃の文化を楽しんだことで有名です。

ともかく配給があったから、食べるのには困らない。食べて、飲んで、スポーツして、お風呂に入って、それで奴隷たちの殺し合いを見て喜んで、生活していました。奴隷の女剣闘士もいたようですね。ともかく奴隷に殺し合いをさせたり、ライオンと戦わせたりして楽しんでいたわけです。

貴族の間では、性道徳はある意味でちゃんとしていました。でも今とは違って、ローマ人にとって最も大事なのはローマの血統、家の血統でした。浮気というのは絶対だめ、なぜなら誰の子かわからなくなり、家の血が不純なものになるからです。だから貴族の領主は、妻が浮気しているのを見たらその場で殺して良かった。

ちなみにローマは、すごい家父長制、男性中心主義で、領主は家の名誉のためであれば、自分の妻も子供も殺して良かったんです。生殺与奪の権利を家の長がもっていた。その意味では、妻も子供も領主の所有物でした。だから、自分の家の血を守るためには、殺して良かったんですね。そんなおっかない社会だから浮気はないだろう、というふうに思うわけですが、なかなかそうもいきません。人間ってすごいですね。

ともかくそんなことがあって、貴婦人の中でも性道徳はしっかりしていたと考えられます。余談ですが、ローマの貴婦人にとって、キスは恋人同士だけでするものではありませんでした。キスは、兄弟やおじなどの親族ともしていました。なぜしていたかというと、お酒を飲んでいないかチェックしていたんですね。

お酒を飲むと女性は堕落して、いろんな男と関係をもってしまう、という考え方がローマには強く残っていました。確かにバックス祭の乱交などを見ていれば、そういう恐れを抱くのも当然でしょう。

だから親族は、自分の貴族の血が汚されていないか、常に貴婦人を監視する必要があったのです。それでキスをしてチェックしていた。現代日本人からすれば、ありえない習慣、ということになるでしょう。

ローマ社会は奴隷社会です。奴隷に関しては貴族のような性道徳も何もあったもんじゃない。領主は奴隷にやりたい放題でした。今の感覚では浮気にあたるかもしれませんが、当時はそんなことはない。そもそも結婚には愛がありませんでした。ただ家と家のつながりがあり、領主は好きな女性をめとるわけではなく、家と家とのつり合いや、政治的にこの家とつながっとくと有利だ、という考えに基づいた政略結婚ばかりです。つまり、愛は結婚の原理では全くなかったんですね。

愛が結婚の原理になるのはロマン主義以降で、それまでの結婚は、政治的、経済的に「理に適った結婚」でした。

じゃあ領主はどうするかというと、奴隷の中から今でいう愛人を選ぶのが普通でした。生殺与奪の権利、という絶対的な権力を領主はもっています。奴隷は絶対に領主に逆らえない。いつ殺されるかわからないからです。

まあ実際問題、高いお金を払って買った者なので、そう無下にしないのですが、領主に求められたら、拒むなんていうのはありえない。むしろいい思いができるので、領主の愛人というのは非常においしいポジションでした。うまくいったら解放奴隷といって、奴隷身分から脱出して、市民権を与えられることもありました。

もちろん、絶対的な身分差があるので、飽きたら捨てられ、場合によっては殺されるので、奴隷の愛人からすれば大変です。それこそ、領主に愛されているにもかかわらず、自分に好きな人でもできようものなら、領主の嫉妬を買って、奴隷の友人全員殺されても何も文句は言えない。だから奴隷の立場からすれば、ロクでもないわけですが、それはそれで奴隷の方も腕の見せどころで、うまくすれば領主を尻に敷いてすごい権力を得る場合もあったわけです。

ちなみに当時、淫乱（impudicitia）は自由身分の者には非難すべき欠点でしたが、奴隷には必要不可欠な美点であったともされます[13]。

領主の立場からすると、正式な結婚は政略結婚でそこには愛がない。だから自由恋愛は奴隷とするのが「倫理的」で「正しく」「普通」だったのです。そして領主の妻も、奴隷との色恋沙汰は認めていました。というわけで、研究者によっては、ローマの世界は一夫多妻制といった方がいい、という人もいます。

そんなローマは、今の基準では性に緩いんだか厳格なんだが、野蛮なんだか洗練されているんだかわけがわからない世界です。当然そんなわけのわからない世界での「恋愛」なので、我々の世界の恋愛とは全く環境が違い、そのジェンダーのあり方、男道、女道のあり方もおそらく全く違っていたのですが、現代人の目から見れば、女性のモノ化、という観点が強くあったのだけは疑いがないところです。

13　K・W・ヴェーバー、『古代ローマ生活事典』、小竹澄栄訳、みすず書房、２０１１、p.324

ローマ人のジェンダー

これまでの話の中にもローマのジェンダーがたくさん出てきましたが、もう少し見ておきましょう。

ギリシャの場合と同じく、ローマの男性も今でいうバイセクシャルが基本でした。しかしながら、ギリシャ人にもまして、征服する、支配しコントロールする、という要素が大事だったのです。サビニの略奪神話からしてそうですが、ともかく力のある者が褒賞をゲットする、そしてその力を誇示する、というのが決まりでした。

従って、と言っていいのかわかりませんが、男性が妻とセックスするのも、男性が女性の奴隷と、さらには男性の奴隷とセックスするのも、「俺が支配者だ」ということを誇示する行為でもありました。私は快楽を得る側で、あなたは私に奉仕する側なんですよ、というサインだったわけです。

昭和時代の日本だったら、「男は金を稼いでなんぼ」なんてジェンダーのあり方があったわけですが、ローマ人の場合は「男は支配してなんぼ」だったのです。

ローマ研究の権威、ポール・ヴェーヌなどは、ローマ人の「強姦力」なんて言い方をしています。経済力で男の価値を測る、という基準が現在のジェンダーにはありますが、経済力の代わりに「強姦力」だったわけです。すごい話ですね[14]。

先に読んだオウィディウスの恋愛論も、そうした背景を頭に入れて読む必要があります。いいか悪いかは別として（というか、現代の感覚ではどうしたって「悪い」のですが）、ともかくそうした「男の支配力」を前提として、奴隷制、家父長制が成立しており、法制度から慣習まで含めて、そうした男のジェンダーをもとに社会が回っていたことは歴史的な事実です。

14　ポール・ヴェーヌ、『古代ローマの恋愛詩　愛と詩と西洋』、鎌田博夫訳、法政大学出版、１９９５

現代の恋愛との比較——女性のモノ化

最後に、古代ローマの恋愛が、我々の恋愛とどこが違うのか考えてみましょう。

もちろん現代は奴隷制はないですね。例えば、社畜という言葉もありますが、本物の奴隷ではないし、殺されても文句が言えない、という社会ではありません。とりあえずの生存権はあります。しかしながら女性のモノ化については、どれだけ現代と違うのか計りかねるところがあります。

少し、この女性のモノ化について考えてみましょう。

女性の性は商品化される傾向にあり、それは乗り越えられるべきだ、というのは、フェミニズムの基本的な考え方の一つです。男性中心主義は、女性を性的な満足を得るための道具とする傾向があることでも、しばしばフェミニストから批判が向けられます。女性の道具化、すなわち女性の人格無視、自立性無視であり、それは女性にとって屈辱的である、という話です。そして道具というのは代替可能ということで、古いものはダメで、新しいものがいい、という見方になります。

こうした女性のモノ化は、男女不平等の根本原因とされています。女性は男性に従っていれば良い。これが現代では大きな問題をはらんだ考え方であることは、言うまでもないでしょう。

しかしながら現代でも、全ての女性は多かれ少なかれモノ化している、というのが難しい点です。女性自身がもつ欲望の体系の中に、すでにモノ化のシステムが大々的に組み込まれてしまっているのです。

例えば、アイドル、スター、グラビア写真、ファッション誌、セクシー、可愛い――これらの全てで、商品としての女性が売られてきた歴史があり、その悪しき伝統をずっと引きずっている側面があります。

そして、女の子は思春期以降、それを見て、可愛いとマネをする。化粧やファッションで、なるべく可愛く見せる。そのようにして「女性」となるわけですが、そのジェンダー教育の中に、すでにモノ化のシステムが組み込まれています。極言すれば、女性として価値ある存在になるためには、モノとして、どれだけ可愛く、セクシーになれるか、どれだけ異性の気をひける商品になれるのか、というバイアスがあるわけです。

最近はファッションも、女性らしさだけを強調するようなものからユニセックスをコンセプトとするものまで幅広くなってきましたが、実はまだまだ女らしさを商品にしようとする傾向は見られます。「男というのはこういうのに弱い」という戦略のもと、同じような化粧、同じような服、商品が生産されます。そうしてできあがった女としての商品を誰に売るかと言えば、それは結婚相手に売ることになります。

あるフェミニストによれば、結婚＝特定の男性に対する売春です。商品としての自分を売る、その代わり食べさせてもらう、というシステムが結婚だというわけです。

ところが、これは男の子も似たようなものです。従来の結婚制度、それに関わるジェンダーのあり方としては、女が家庭に、男は外で食い扶持を稼ぐ、というのがあります。従って男の子は、女の子にモテるためには、経済力がなきゃいけない。いい男というのは、イケメンで、お金がある＝家庭にお金を入れる機械として優れている、ということになります。

とはいえ、女性の方が商品化の程度が激しい。それは非人間的な扱いです。なぜなら、モノだから、代替可能だからです。いらなくなったり壊れたりしたら、ぽいできる。新しいものを買える。これは消耗品です。

村上龍の作品に『すべての男は消耗品である』というタイトルのシリーズものエッセイがありますが、旧来のジェンダーのあり方では、全ての男も女も消耗品である、というのがある程度正しい見方です。

男性にとっての理想の女性のイメージは、例えば可愛くて胸が大きい、だったり、女性にとっての理想の男性のイメージは、かっこよくて経済力がある、という見方が今でもありますが、それはローマの時代とさほど変わらないくらい、人間を商品化している見方かもしれません。代替可能な何か、壊れたり劣化すればぽい捨てできる――これは我々の感覚では「愛」ではない。

さて、こうした「愛」の概念ができあがっていったのは、主にキリスト教と中世宮廷恋愛を通じてだとされています。それが日本に入ってきて、上記のような「愛」の概念が使われるようになりました。

第3章では、まずキリスト教における愛の観念について見ていきましょう。

第3章　キリスト教と恋愛

ヨーロッパを旅行するとすぐにわかりますが、街を歩くだけでキリスト教のパワーを感じます。街の中心にある大聖堂や教会から、店や人や、道の名前も、キリスト教由来のものばかりです。賛成するにせよ、反対するにせよ、ヨーロッパ文化の基本的なものの見方を作ったのはキリスト教であり、言ってみれば文化の絶対的な基礎なわけです。

そしてこのキリスト教は、ヨーロッパの恋愛観にもとてつもなく大きな影響を与えています。さらに言えば、「愛」のあり方を強力に規定し、制度化してきました。その影響力、あるいはその束縛の力は計り知れません。

時代的な流れを確認すると、第1章で見た古代ギリシャのプラトンが紀元前427年頃生まれ、第2章で見た古代ローマのオウィディウスが紀元前43年生まれの人物です。キリスト教は、イエス・キリストが紀元前4年に生まれ、徐々に力を増していき、紀元後392年にローマの国教にまでなっています。そしてローマの恋愛文化と、キリスト教の愛の考え方が混じり合い、中世宮廷恋愛に流れていくことになります。

この章ではまず、キリスト教における恋愛について、いくつかの論点を見てみたいと思います。

愛の宗教

キリスト教は「愛の宗教」と呼ばれます。しかしそこで問題になっているのは、人間同士の愛、というよりもまず、神様と人間の間の愛の関係です。

神様が無限の愛で愛してくれる、その神を信じるのがキリスト教です。全知全能の神は、どんなに罪深い罪人であろうと売春婦であろうと、全てを許して無償の愛を注いでくれる。だからただ、神を信じ、神を愛しなさい、というわけです。

しかし人間は不敬虔で愚かな存在で、生まれた時から罪にまみれているので、なかなか神を信じられず、神の言うことを聞かず、罪ばかり犯している。

そこで、神の子たるイエス・キリストが地上に降り立ちます。イエスは、全ての罪人、全ての人間に惜しみない愛を与え、全ての罪を被って、十字架に磔《はりつけ》にされて殺される。しかしながら3日後に復活し、救世主であった証拠を示します。そのイエスの教えを弟子たちが広め、キリスト教ができあがるわけですね。

その愛の宗教にあって、人間同士の恋愛とは何か？　キリスト教は性的なものを敵視して激しく禁止します。平たく言えば、ともかく性欲は罪なのです[1]。

可愛い女の子を見て、ちょっと嫌らしいシーンを思い浮かべようものなら、それは罪なので、そんな目など抉り取ってしまえ、と言います。なぜなら罪を犯し続け、地獄に落ちて、地獄の炎で永遠に焼かれるよりも、目を抉った方がいいから、と言うのです。すごい論理ですが、こんな理屈が生まれてくる背景には、人間は全て罪人である、という教義があります。

1　この点については、やはり修道院育ちの碩学、カレン・アームストロング、『キリスト教とセックス戦争　西洋における女性観念の構造』、高尾利数訳、柏書房、1996、が面白いでしょう。もう少し堅い研究書としては、ウタ・ランケ・ハイネマン、『カトリック教会と性の歴史』、高木昌史・松島富美代・高木万里子訳、三交社、1996、を挙げておきます。

原罪

原罪の教義は非常に有名なので繰り返すこともないかもしれませんが、一応見ておきましょう。(2) アダムとイヴの物語（と言って悪ければ歴史）ですね。(3)

神は自分に似せて最初の人間アダムを作った。次に、人が一人でいるのは良くない、と神は言って、アダムのパートナーを作った。こうしてアダムの肋骨からイヴが作られます。

二人はエデンの楽園で何不自由なく生きていた。そこには命の木と知恵の木があって、その実を食べちゃダメ、となぜか神に言われていた。でもそんなことを言われたら、もうダメですね。案の定イヴが蛇にそそのかされて、その実を食べちゃう。そしてイヴはアダムにも食べちゃいなよ、とそそのかして、アダムも禁断の実を食べてしまう。それから人間には知恵がついて、自分が裸であることを恥じ、イチジクの葉で陰部を隠すようになります。

それに対して、神様が「食べちゃいかんと言ったのになぜ食べた」と、問いただします。その時、アダムはイヴにそそのかされたからと言い、イヴは蛇にそそのかされたからと言って、二人とも責任転嫁します。

この話全体が、原罪のお話です。すなわち、全てを知る神に対して、悔い改めない、生意気を言う、言い訳する。どうしようもない傲慢さ、神に対する不遜、不敬虔、性的なことについて知り、知識を得た、これこそが罪だ、というわけです。

最初の人間、アダムとイヴは罪を犯してエデンの園から追放されました。これが原罪ですね。人間は根本的に罪深い存在だと。神に対し傲慢であり、性的なことを学んでしまった罪深い存在であるわけです。

ところが、キリストが救世主としてやってきて、人間の罪を背負って死んで、罪を贖《あがな》ってくれた。だからキリストをメシア、救世主として崇めるのがキリスト教だ、ということになります。

ここで出てくる「蛇」については、いろいろな解釈があります。その一つが、性的な誘惑者、サタンの化身とする解釈です[4]。

原罪の話は、人間が蛇にそそのかされ、性的なものに目覚めてしまった、というお話だと考えられます。いずれにせよ、原罪が、性に関する罪というものと深く結びついているのは間違いありません。細かいニュアンスで言えば、ここにも様々な解釈があるのですが、特に女性が性的な存在として恐怖の対象となっている、ということは言えるでしょう。

女性というのは、蛇＝悪魔にそそのかされる、弱い、堕落しやすい存在、性欲に惑わされる存在として、男性の恐怖を煽っています。その蛇にそそのかされ、男を惑わす悪女としてのイヴ。女の起源、最初の女は、悪魔に惑わされる悪女として存在するのです[5]。

原罪は、キリスト教の基本的な人間観です。この人間観の中には、性欲を攻撃し、性欲から離れた愛を讃える姿勢がはっきりと表れています。ここから、聖書における恐ろしいほどの性的なものに対する厳しさが生まれてきます。

この点に関して、最も有名なマタイの福音書の一節を見てみましょう。

あなたがたも聞いているとおり、『姦淫するな』と命じられている。しかし、わたしは言っておく。みだらな思いで他人の妻を見る者はだれでも、既に心の中でその女を犯したのである。もし、右の目があなたをつまずかせるなら、えぐり出して捨ててしまいなさい。体の一部がなくなっても、全身が地獄に投げ込まれない方がましである。もし右の手があなたをつまずかせるなら、切り取って捨ててしまいなさい。体の一部がなくなっても、全身が地獄に落ちない方がましである。[6]

凄まじいまでの性に対する禁止です。性的なことを想像するのが罪だ、というのですから、ほとんど全ての人はおそらく罪人です。種の保存のため、人間という動物に基本的にインストールされているはずの性欲と快楽のシステムですが、それこそが罪だ、とキリスト教は断言します。性的快楽を追求するのは、厳しく禁止されます。こんなに厳しくして、どうするの、と思いますが、ダメなものはダメなようです。

ただ、自分で目潰しする、などということを実行できる人は滅多にいないので、人類みんな罪人であり、それでも神が許して愛してくれるんだから、神様にすがりなさい、という理屈になります。

2　新共同訳『聖書』「創世記」第2章、第3章、日本聖書協会、2000
3　アダムとイヴの物語については岡田温司、『アダムとイヴ　語り継がれる「中心の神話」』、中公新書、2012、に詳しい解説があります。
4　こうした方向性で、数多の解釈がありますが、とりわけフランスの哲学者ポール・リクールの解釈を、バランスが取れているものとして挙げておきます。『リクール　聖書解釈学』、久米博・佐々木啓訳、ヨルダン社、1995
5　カレン・アームストロング、『キリスト教とセックス戦争　西洋における女性観念の構造』、高尾利数訳、柏書房、1996
6　新共同訳『聖書』「マタイによる福音書」5章27－28節、日本聖書協会、2000

浮気がダメな理由

そんな中唯一許されるのが、子供を作るためのセックスです。結婚して、唯一のパートナーと子供を作るためだけにする性行為です。これは神を信ずる信徒を増やす行為なのでOK。問題はありません。しかし、快楽を貪ろうとする行為は全て罪になります。従ってカトリックでは、避妊した上での性行為や自慰など、子供を作ることに結びつかない性行為は、全て結構な罪になるのです。

先の引用で「他人の妻」と言っているところもポイントです。ヨーロッパで浮気がダメ、といった時、その一番根源的で歴史的な理由が、このキリスト教的なヴィジョンである、と言っていいかもしれません。[7]

性的なもの、特に性的快楽ですね、これは悪いもの、原罪の故、人間がもったものです。とはいえ、性行為を全面的に禁止するのは無理ですし、子供を作らなければ社会は回りません。そこで出てきた次善の策、困った事態をなんとか収拾するのが、結婚というシステムです。これは、神によって与えられた必要悪のようなものです。従って、浮気をして、そのシステムを乱そうとする奴は、神をも畏れぬ不届きものなのです。

キリスト教といっても、カトリック、プロテスタントの諸派、その他もろもろの宗派によって様々な解釈がありますが、本家本元のカトリックは、そのように聖書を解釈してきたわけです。

すると、この浮気がダメ、という倫理観は、現代日本の浮気バッシングとはだいぶ話が違います。浮気はなぜダメか。それは罪だから、神が罪と決めたから、それは悪であり、悔い改めない限り地獄落ち決定、未来永劫地獄で焼かれる、というのがキリスト教です。

現代日本では、こうした宗教的な考え方は支配的ではないので、なかなか理解に苦しむ世界観なのではないでしょうか。

7　キリスト教成立以前、例えば旧約聖書の中にも、「姦淫するなかれ」というのは律法として十戒の中にすでにあります。レビ記の20章にも「人がもし、他人の妻と姦通するなら、すなわちその隣人の妻と姦通するなら、姦通した男も女も必ず殺されなければならない」といった記述があります。そのような長い歴史の中で浮気禁止の様々な言説が伝統化していき、キリスト教の中に集約されていきます。

性的なものの禁止と女性のイメージ

ヨーロッパにあって、この性的快楽の追求が罪である、という考え方は長らく続く習慣で、長い歴史を通して彼らにとっての「自然な」考え方になっていきました。これは、キリスト教でいきなり出てきたわけではなく、古代ギリシャから、ストア主義の考え方、グノーシス主義、などを経て、キリスト教で総括され、長い間人々の考え方の基礎となった、と言われています[(8)]。

この考え方が頂点に達したのは、おそらくイギリスはヴィクトリア朝、19世紀から20世紀初頭の性的モラルにあってでしょう。ヴィクトリア朝の性倫理は非常に厳格で、性的なものに対する異常なまでの禁止に満ち溢れています。

例えば、テーブルの脚とかピアノの脚とかも、いやらしいものとみなされます。なぜなら、女性の脚を連想させ、人を性的な妄想に導くからです。そこでテーブルクロスが発達します。

机の脚なんてはしたないものは隠さなきゃ、というわけです。

　そんなものを見ていやらしいと思う方が、よっぽどいやらしいと思うのですが、ともかくそのくらい性的なものに敏感で、性に関わるものを禁止していった。言ってみれば、セクシャリティゼロの世界を作ろうとしたんですね。

　ちなみに、女性の脚を見せるのがいやらしい、見せるのは売春婦だという感覚は、フランスを含め、ヨーロッパ各国に今でもまだ残っています。だからフランス人が日本人の若い女の子のファッション、脚を露わにしているのを見て、こいつら全員ビッチか、といってたまげる。そして何も知らない日本人の女の子が短いスカートをはいてヨーロッパ旅行をして、ビッチだな、と思われるわけです。

　ともかくヴィクトリア朝はそういった社会、セクシャリティゼロの社会でした。そして、そんな社会では女性のジェンダーのあり方も全然違います。一言で言うと、女性とは家庭の天使だったんですね。家庭を守る、無力で汚れない存在。汚れないってことは、どういうことかというと、女性は性欲などもっていない。もしもっているとすれば、それは悪魔がついているだけだ、という考え方です。つまり、性行為の中で快楽を感じたとたん、悪魔つきだ、魔女だ、ビッチだ、とみなされます。

敬虔なキリスト教徒として、女性は結婚して子供は作らなくてはいけない。しかるべきレディはしかるべき男性と結婚して、子供を作って家庭の天使になるべきだ。そして、しかるべきレディは一切の性的快楽を感じてはならない。もし感じたとすれば、ビッチである。たわいない話でも男と好んでするようだったら、すぐにビッチ認定がおります。

レディ＝淑女は性的快楽などとは無縁なので、夫との性生活も、決して楽しんではいけない、夫に従順につき従って、反抗せず、受け入れる、そうした類のものだ、というのが常識でした。

忍耐と優しさをもって、夫を慰める、それこそがレディの役割とされたわけです。こうした女性のセクシャリティの全否定は、男性が性欲をもった女性を蔑視、軽蔑していた、ということと表裏一体です。

8　ウタ・ランケ・ハイネマン、『カトリック教会と性の歴史』、高木昌史・松島富美代・高木万里子訳、三交社、1996、p.13–27

切り裂きジャックとミソジニー

どうしてそんなに女性の性欲を見ないようにしていたかというと、それは女性に恐怖を抱いていたからだと見る宗教学者、社会学者もいます。[9] これは、悪魔を恐れる、狡猾に誘惑してくる蛇を恐れる、女性の性欲を恐れる、といったことと、全部同じ話だったたというわけです。

当時、売春婦に対するものすごい恐怖、怒り、差別があって、それゆえに切り裂きジャックが現れたとも言われています。

ロンドンの夜、売春婦を何人も殺して、顔やら体やらをずたずたに切り裂いて、臓器を摘出したりした、ジャック・ザ・リッパー、1888年の未解決事件です。これも売春婦に対する恐怖、男性の女性に対する恐怖がベースにあったから、こうした犯罪者が生まれたのだ、と解釈されることもあります。

まあ、これは未解決事件で犯人はわかっていないので、推測の域を出ないのですが……。

こういうことから、キリスト教は女嫌いという性格をもつ、と主張する専門家もいます。[10] 逆に言えば、こういうところに、男性が女性に対してもつ恐怖が先鋭的に現れている、と見ることもできます。

女性は男を惑わす。判断力を狂わす。魔法にかけられた男は、魔女のためにろくでもないことをする。それが怖い。男は女性を非常に恐れ、だからこそ低く見て、軽蔑して、差別して、自分の身を守ろうとする。

こうした男性の態度を女性嫌悪＝ミソジニー（misogyny）と言います。後に見る精神分析なんかでは、男は母親に頭が上がらない、その押さえつけられた分、復讐するために、女一般を低く見て、女はバカだ、子供を生む道具だ、政治に口出すな、夫に従え、理性がないんだから、と言うようになる、と解釈されたりもします。

9　女性嫌悪の歴史についても、いろいろありますがやはり、アームストロングの前掲書が刺激的です。

10　多少専門的になりますが、最近翻訳されたＨ・キュンク、『キリスト教は女性をどう見てきたか　原始教会から現代まで』、矢内義顕訳、教文館、２０１６、は神学者による総括的な著作です。

堕落の歴史、罪の「次の機会」（Occasions prochaines du péché）

だから、基本的にものすごく性には厳しい見方をするのがキリスト教です。

でも、実際問題、そんなにモラルを厳しくしても、決まりを守れるわけはないんですね。実際の民衆の行為の中では、当初厳格であったモラルが緩んでいく、ということが起こります。特にフランスに顕著ですね。こんなことを書くと怒られるかもしれませんが、その意味では、フランスというのは堕落の国です。

フランスはローマ・カトリックの長女、と歴史的には言われます。イタリアのローマにカトリックの総本山があるわけですが、フランスは歴史的にカトリックと非常に密接な関係をもってきたわけです。

同時に、特にフランスのカトリシズムに堕落した側面があることは歴史的に否めません。カトリック、キリスト教だから浮気はだめなんですが、「フランス的な堕落」とでも呼びたくなるものがあります。

ざっくり言うと、人間はそもそも原罪をもってて、弱い存在。もともとの性質が堕落している。だから浮気するのは仕方ない。悔い改めれば、それでＯＫ。天国に行けますよ。そんなロジックです。

具体的にどうやって悔い改め、許されるかというと、教会に行って告白するのです。「すいません、告白します。○○さんのマダムとついつい寝てしまいました。ごめんなさい。もうしません。悔い改めます」

こう告白すると、聴罪司祭が、「あなたの声は神に届きました、許されました」と言うわけです。すると、人間は弱い存在だから、また次もやっちゃうわけですね。でも、また告白して、神様に許してもらえばいいか、となります。こうしてモラルが低下していきます。

この「また次」というのを、オカジョン・プロシェン（occasion prochaine）、直訳して「次の機会」と言います。次やってもまた告白して悔い改めりゃいいわ、人生死ぬ間際に悔い改めればOK、それまではイケイケだ、というわけです。すると当然モラルが崩れるんですね。

17世紀フランスでは、このオカジョン・プロシェンが大きな神学上の問題となっていたりします。パスカルなども厳格なキリスト教徒として、こんな論争についていろいろと意見を述べています[11]。

上記のように、フランスはカトリックの長女と言われますが、一方ですごく寛容な、というか、堕落した、というべきか、そうした懐の深い面もあるんですね。そういうお国柄です。そしてもう一つ典型的なのが、堕落司祭です。肉欲に溺れるだけではなく、信徒から下ネタの告白を聞いている司祭がセクハラに走ります。「あなたの声は神に届きました、神の遣いである私の言うことを従順に聞きなさい、とりあえずあなたはその服を脱ぎなさい、神様の思し召しです」といった感じで、秘密を握った神父が悪さをするわけです[12]。

まあ、これをやると神父は破門されたりするわけですが、最終的に悔い改めれば救われるってのは同じなんですね。というわけで、17世紀のフランスカトリックの界隈では、この

occasion prochaine をどうするかというので大議論になったりしています。

11　『パスカル著作集』、教文館、１９８０年、p. 219–243。『プロヴァンシャル』の10番目の手紙の議論は、大体このような話になっています。

12　２００２年に、カトリックの性的虐待の組織的な隠蔽が表沙汰になり、大問題になりましたが、堕落した司祭というのはある意味ヨーロッパのお家芸です。19世紀の小説家バルベー・ドールヴィの『妻帯司祭』をはじめ、バルザックの『幻滅』やホフマンの『悪魔の霊薬』、グレアム・グリーンの『権力と栄光』など、この主題が様々な形で西欧の小説に登場しています。

「浮気」についての日欧比較

みなさんは「浮気はダメ」というのを、いろんなところで聞いたことがあると思うのですが、浮気それ自体が絶対的に罪だ、という考え方は、江戸時代にはあまり見当たりません。浮気をされた女性が亡くなって化けて出て、相手の男性の首を絞める、といった話は、山ほどあるんですが、浮気それ自体がダメだ、罪だ、というのは見当たらない。浮気がダメだ、としても、それは共同体の秩序を乱す場合に限っていけない、という理屈はありましたが、それだとバレなければいい、という話になります。

バレようがバレまいが、浮気それ自体がいかん、という考え方は、江戸以前にはおそらく存在しなかったでしょう。この考え方は、明治以後、ヨーロッパの文明を学んで真似しようとした流れの中で広まった、とするのが妥当でしょう。

第6章で詳しく見ますが、明治、大正の時期に、ヨーロッパ流のラブを学ばなくちゃ、ダサすぎる、というわけで、一生懸命真似した中に、浮気絶対禁止、性的なものには口を閉ざすのが上品、そもそも性的なもの、女性の肉体なんて下品、そうじゃなくて精神的な愛を、という考え方が入ってきたようですね。特に性的なことを考えるのは罪である、というのは、日本古来の伝統的な考え方には見当たりません。

つまりこうしたモラルの元ネタは、キリスト教の性に対する攻撃にあります。性的な快楽は一切ダメ、女性の肉体は恐怖の対象なんですね。

ちなみに浮気という言葉は、フランス語では例えば infidélité と言いますが、これは「忠実でない」という意味です。何に忠実でないか、というと、まずは配偶者に対して忠実でない、ということもありますが、ともかくも神に対して、神の決めた結婚に対して、忠実に従わない、という含みもあります。つまり神に従わず生意気を言う、傲慢な罪としての原罪がそこにはあるわけですね。

それに対して浮気という日本語の言葉には、原罪なんてニュアンスは全くありません。その意味で、浮気と言っても日本とヨーロッパ諸国では、まるで違う意味と歴史があることに注意するべきでしょう。

処女性の重視と魔女

キリスト教の恋愛観に話を戻しましょう。

性的なものを徹底的に罪とみなすのがキリスト教の大きな特徴ですが、これは逆に言えば、純潔さ、処女性を高貴なものとして見ることにつながります。キリスト教は、処女性を神聖視します。性的な体験＝肉体的な汚れ＝罪を犯したという証拠なので、逆に処女性＝純粋さ＝罪を犯していない証拠になるわけです。

キリスト教の教義の中で、この考え方の最たるものが処女懐胎ですね。マリアはキリストを身ごもる時、処女のまま身ごもった。ゆえにキリストは罪にまみれていない純粋な存在であるわけです。聖マリアは、フランス語では Vierge Marie、すなわち「処女マリア」となります。

もちろん人間は、母親が処女のまま生まれてくるわけないです。ですから、キリスト教にあっては、みなさん生まれた時から罪にまみれてる。肉の罪、性欲の汚れ、姦淫の罪の刻印が、我々には押されているわけですが、それも元をたどれば、アダムとイヴの原罪に至るわけです。

それに対して人間は、徹底的に戦わなければならない。例えばキリスト教圏の結婚式では、純白のウェディングドレスを着ます。あの白は、罪に汚れていない、処女性の象徴であるのは有名な話です。純白のヴェールは、処女性と従順さ、夫に、神に従順であることの象徴です。従順な処女じゃないと、もともと着ちゃいけないんですね。そしてまさにヴァージンロードも、結婚まで処女を守り通した人が歩くべき道、ということになります。

もちろん、現在どこまで厳格に守られてるかは別にして、もともと処女性というのは価値があるものだったわけです。そしてその頂点には、汚れのないままイエスを出産した聖母マリアが君臨します。

ヨーロッパの教会、カテドラルを訪ねれば、必ず聖母マリアの像や絵を見ることができます。例えば、傑作の誉《ほまれ》高いミケランジェロの聖母像（サン・ピエトロのピエタ）ですが(図8)、ここからは清らかさ、全てを受け入れ許す理想の母親、肉の汚れ、性欲による罪の世界から超越した母親像を感じることができます。これが聖母マリア信仰の核心、ということになるでしょう。(13)

処女性の重視、それは裏を返せば、性的なものに対する恐れでもあります。聖母マリア、処女懐胎したマリア崇拝のちょうど裏側では、汚れた女性、罪深い女性に対する弾圧がありました。罪深いといっても昔の基準です。例えば、結婚もしてないのに彼氏と旅行に行くなんて、なんて罪深い、神をも恐れぬ行為なんでしょう、ああ汚らわしい、とか、そういう世界観の話ですね。

図8　ミケランジェロの聖母像（サン・ピエトロのピエタ）

13　聖母マリア信仰に関しては、秦剛平、『聖母マリアとキリスト教伝説』、ちくま学芸文庫、２００９、が図像が豊富でイメージをつかみやすいでしょう。

魔女裁判

で、そういう汚らわしい女性はどうなったかというと、魔女裁判にかけられるわけです。かの有名な中世の魔女狩りですね。

具体的な統計が残っていないのでわからないの

図9　アルベール・ジョゼフ・ペノ『サバトへの出発』

ですが、それまでのヨーロッパの戦争を全部合わせた犠牲者をはるかに上回る女性が、魔女として殺されたとのことです。一説によれば、12世紀から17世紀末までで、数百万単位ですね。

ちょっとでもフシダラだったら、さらには、ちょっとでも雰囲気が怪しかったら、はい魔女、ってことになるわけです。で、裁判にかけられます。語るもおぞましい拷問がたくさん考え出されます。白状しようがしまいが、とりあえず殺したりしています。いろいろなケースがあります。

魔女がどんな存在だったかというと、みなさんよくご存知ですね。箒に乗って空を飛ぶイメージです（図9）。もうちょっと詳しく見てみると、中世の主な魔女の行いというのはこんな感じです。

まず箒に乗って空を飛ぶ。で何をするかというと、ジブリ映画のように宅配便をするのではなく、行く場所が決まっています。サバトです。魔女の集会。そこで、サタン、悪魔と集会を開きます。胎児を殺して、食べたりします。そして踊り狂い、淫行にふけります。そこでは輪姦あり、肛門性交あり、同性愛あり、近親相姦あり、胎児ゴロシあり、獣姦あり、その他もろもろの淫行のオンパレードであった、とされています。結婚式のイメージが純白であるのに対して、サバトの色調は基本的に黒です。

そんな感じで悪魔と契約するんですね。そして魔女は、いろいろと悪さをすることになっています。

魔女裁判の歴史を紐解くと、それはそれは悲惨な例が出てきます[14]。

例えば、どんな罪で殺されたか？　麦畑を魔法で全滅させた。自白させて絞首刑。○○さんの家の白豚を三匹魔法で殺した。自白させて鋸で真っ二つの刑。△△さんの旦那さんを魔法でＥＤにした。拷問のすえ、自白させて、水責めで死刑。性的な夢を見るのは、悪魔と交わったとみなされて、それだけでもう魔女扱いになるってのもありました。

魔女の嫌疑をかけられて裁判になって、そこで聞かれるわけですね。夢の中で悪魔と交わりましたか、と。それで、大体において、いいえ、私は汚れてません、とかいうと、嘘つけ、といって火あぶりで殺されます。で、仕方ないので、はい、私は魔女です、えっちな夢を見ました、とか無理やり告白させられるわけです。それで助かる例もあれば、強制的に告白させられた後でやっぱり火あぶり、という例もあるわけです。

本当に魔女狩りはカオスです。ヒトラーのユダヤ人虐殺、植民地主義の奴隷貿易と並んで、ヨーロッパの黒歴史ですね。

実際、聖書には、魔女は生かしておいてはいかん、というくだりがあります。そこを根拠に殺しまくります。噂が出ると、裁判にかけます。そして殺します。あなたはいつサバトに行きましたか？　あなたはいつ悪魔と交わりましたか？　一週間に何度交わりましたか？　豚を魔術で殺しましたね？　△△さんの旦那さんをEDにしましたね？　シラを切るというのですか？　はい拷問。自白した。よし、絞首刑、火あぶり、水攻めで死刑、という話になります。本当に凄惨で酷いことをやったのですね。

本物の魔女がいたかどうかは知りませんが、罪の謂《いわ》れもない人が山のように殺されたのは、歴史的な事実と言って良いでしょう。

その意味で、魔女に対する恐怖と聖母崇拝は表裏一体であります。ヨーロッパの文化を作ってきたのは、ギリシャにせよ、ローマにせよ、キリスト教にせよ、基本的に男性です。やはり男性にとって女性は怖い存在なのでしょうか。

確かに、生理、妊娠、出産という女性特有の体験は、男性にとっては不可解であり、神秘であり怖いのかもしれません。だから女性の性を消し去ろうとした。女性は性欲をもたない、天使のような存在、性欲をもたない母のような存在、聖母マリア様のような存在でなければ困るわけです。

性欲をもったら、ビッチ。いやビッチどころじゃない、もう魔女扱い。そういう女性嫌悪を、キリスト教だけでなく、イスラム教を含め、いろいろな宗教で見て取ることができるでしょう。

話が大きくなりすぎました。ともかくキリスト教は、世界平和、平等、慈愛、知性、理性など、本当に素晴らしい考え方を多く残したのですが、女性嫌悪の歴史、という意味では、魔女狩りなどという黒い歴史も生み出してしまったわけです。

14　魔女裁判については、ミシュレ、『魔女』、篠田浩一郎訳、岩波文庫、２００４／森島恒雄、『魔女狩り』、岩波新書、１９７０／池上俊一、『魔女と聖女』、ちくま学芸文庫、２０１５、等を参照。

アガペーとエロス

ここでもう一度、キリスト教の愛という概念を整理してみましょう。その際、最もよく言及されるのが、アガペーとエロスの対立です[15]。

エロスの方は、ギリシャの神エロスを先に見ましたが、こちらは肉体的な欲望を伴った恋愛です。

一方キリスト教の場合は、そこからセクシャルなものを徹底的に排除して、アガペーを立ち上げます。

アガペーとはいわゆる隣人愛で、隣の人を愛しなさい、敵すらも愛で包みなさい、というタイプの愛で、究極的には、神様の完璧な愛のことを指します。普通の人間には決してできないのですが、それを目指しなさい、という教えでもあります。

先にギリシャの恋愛について、感性的なところから出発して、エロティックはエロティックでも、感覚を超えた、概念的、抽象的でよくわからないイデアの世界に至る愛のあり方を見ました。

キリスト教も、やはり感性的なものを否定して、特に肉欲の世界を徹底的に罪なものとみなして、これまたアガペーというよくわからない愛の世界、隣人やら敵まで愛してしまう、無限の愛の世界に飛んで行きます。

どちらもある種宗教的で、日本人には馴染みがなく、理解し難い世界観である、と言って良いでしょう。特にキリスト教の場合は、救済を求める愛の宗教たるキリスト教の、性を禁止された罪のない、汚れのない、純粋な愛の世界が広がっています。

15　20世紀恋愛論の古典、ドニ・ド・ルージュモンの『愛について　エロスとアガペー』、鈴木健郎・川村克己訳、平凡社ライブラリー、1993、はまさにこの対立で、ヨーロッパの恋愛文化の歴史を捉えています。

過酷すぎる神の愛

正直なところ、ヨーロッパ文明の中で育ったとしても、この神の愛は理解不可能なものです。聖書を紐解くと、すっごい苦難を神から与えられても、神を愛せ、神に忠実であれ、と書いてあります。キリスト教にあっては、神の愛に全てを委ねる、ということは、神を愛し、神に忠実であるということです。

しかしながら、神様はひどいもので、やっとできた一人息子を殺せ、というアブラハムとイサクの話から、キリスト教を広めるために、壮絶な死を遂げた殉教者の話まで、いろいろと凄まじい話に満ちています。

神への愛というものは、日本人の通常の感覚から言えば、狂気に近いものでしょう。なぜなら、どんなに迫害されても神を愛せ、火あぶりにされても神を愛せ、その方が天国に行けるから、絶対に良い、という話なのですから。

歴史を紐解けば、キリスト教信仰を広める時は、そりゃ大変だったのです。周囲からは、変なもん信じてる、と迫害される。そして目を潰されて、爪を剥がされ、鉄板の上で焦がされる。全能の神は、わざとそうしてる。わざと苦しめてる。なんで？　愛してるから。それが神の愛で神の計画。だからどんな酷い運命に襲われても、神を信頼し、愛せ。そしたら天国に行けますよ。そんなメッセージがキリスト教には溢れています。

そこで、常軌を逸した殉教者、聖者が山ほど出てきます。苦行に苦行を重ねる。どんなに苦しくても神を愛す。すると、確かに神に愛される瞬間がやってくるんです。どんなに体に釘を刺されようと、どんなに煮えたぎる湯を浴びせられても、もう全然平気。神の愛の中に溶ける、至福。聖者、殉教者の感じる愛ですね。もう脳内麻薬が出まくっていて、痛みなんか感じない。この人たちの凄まじい死に方のおかげで、キリスト教が広まっていったわけです。

神を愛する、神に忠実である、ということは、自分を捨てることでもあります。自分の肉体に対する愛を捨てること。肉体、精神的な意味両方で、自己愛を捨てること。キリスト教の信仰の道は、しばしばそんな厳しい愛を要求してきます。他人のために尽くせ。それが隣人愛。そして神を愛せ。神はあなたを苦しめる。愛ゆえに苦しめる。だから神を愛せ。さすれば天国の門が近づく。そんなロジックというか非合理な論理が、展開されていきます。

これはもう、神様を信じていないと意味不明ですね。謎の愛です。そもそもキリスト教の中で神父が繰り返す説教として、愛とは何か、神が愛である、というものがあります。これは信仰がないと、わけがわからない。そもそも神の意味がよくわからないので、愛の意味も謎で、曖昧なものになるわけです。

無限の、無条件の、純粋な、混じりけのない愛。それは神の愛。それは優しいだけの愛というわけではありません。場合によっては惨《むご》たらしい死に方を要求する愛。愛する人を捨てることを要求する愛。自分の肉体を痛めつけ、腐らせることを要求する愛。自己愛を捨てさせる愛。

ここまでいくと、信者でなければよくわからず、信者であっても、その解釈に大きな差が出てきてしまうのが神の愛という代物です。

雅歌

キリスト教の唱える愛は、信仰がないとよくわからない話です。加えて、キリスト教的な愛の微妙な点は、確かに聖書には隣人愛の思想が出てくるのですが、どうやらこの神の愛というのは、人間同士の愛や色恋とまるで関係がないかというとそうでもない、という点です。何やら相似しているものがある。

この「似ている」ということが大問題です。なぜなら、キリスト教は性的なものを罪とみなし、魂を汚すものとしてきた。しかし神の愛は、罪人たる人間同士の汚れた愛に「少し」似ている、と。

旧約聖書には、「雅歌」というものがあります。これは、この矛盾を表す面白いテクストの一つです。この「雅歌」の字面だけを追っていくと、官能的でちょっぴりいやらしい、男女の恋の詩なんですね。

まあ、官能的といっても、現代日本人の目からすると大したもんじゃないんですが、性を禁じられたものとするキリスト教徒にとっては、なんてハレンチでいやらしい、というのが最初の感想です。なんでこんないやらしいものが聖書に入ってるのか、謎なのですが、神学者たちは、これは教会に対する愛を象徴しているのだ、と言っています。

ちょこっと読んでみますね。

どうかあの方が、その口をもって私にキスしてくださるように。

おとめの歌
ぶどう酒にも増してあなたの愛は快く、あなたの香油、流されるその香油のように、あなたの名はかぐわしい。おとめたちはあなたを慕っています。お誘いください、わたしを。急ぎましょう、王様。わたしをお部屋に伴ってください。(16)

聖書学者の中には、聖書の「雅歌」と題される部分は、当時の恋愛歌を集め、それに修正を加えたものなのではないか、とする人もいるのですが、もちろんキリスト教信者、ユダヤ教信者にとっては聖書は神の言葉なので、そんな説を却下する学者も多くいます。

キリスト教信仰やユダヤ教信仰をもっていない現代日本人の目からすると、うら若い乙女が男性を誘惑してベッドインを狙っているとしか思えない詩ですよね。キスしてほしい、あなたのお部屋に行きたいの、急ごうよ、なんていう女の子がいたら、それはもう他の解釈のしようがない。「王様」なんて言葉も王様ゲームの続きにしか思えない。ともかくこの女の子はやる気満々なのです。

しかしながら、そうした解釈はキリスト教的にはありえません。そんないやらしい、性的な話を神がするわけがない。神はあくまでエロス的な欲望から離れた存在です。肉体の悪魔的な誘惑に屈するのは、キリスト教的には悪です。

従って、聖書学の中では、この歌は一般信徒の神に対する愛、あるいは教会に対する愛を比喩的に表現している、という話になります。

すると、ここでやはり問題が生じます。キリスト教的には、アガペー的な愛はエロス的な愛とは相容れないものなのですが、どこか似ている、ということになります。性的なものを一切排除したいキリスト教にとってみれば、これはえらく都合が悪い。

そこで様々な解釈が生まれ、様々な理論が生まれるのですが、詳細は専門家でないと手に負えない複雑な話になるので、ここでは深入りしません。

確認しておきたいのは、アガペー的な愛とエロス的な愛——神の精神的で肉欲を離れた愛と肉欲に由来する愛が、どこか似てしまうことがある、という点です。この論点が、次章で見る中世宮廷恋愛でまた問題になります。

先回りして言ってしまうと、もともとは神と人間の愛の話、性欲をはるかに超えたアガペー的な愛は、キリスト教信仰がなければ意味不明の愛だったのですが、人間同士の恋愛の中にまた再流入してきます。

16　新共同訳『聖書』「雅歌」第1章2〜4節、日本聖書協会、2003

キリスト教の世界的な影響力

現代世界の中で、キリスト教の影響は本当に計り知れません。

今世界は、キリストが生まれた年を基準として、時間を決めています（実際には4年ずれていますが、まあそれはどうでもいいでしょう）。私たちの生年月日も、キリスト教を基準に与えられているわけです。それは、全くキリスト教を信じていなくても、キリスト教文化圏の中に無理やり統合されている状態、と言えます。凄まじい影響力です。

確かにキリスト教的な発想は、日本人にはあまり馴染みがありません。日本的なアニミズム、八百万《やおよろず》の神の世界にあっては、性に関する激しい禁忌はありませんし、無限の神の愛、なんてものもない。

とはいえ、後に見るように、ロマンティックラブは、キリスト教の影響を抜きには語れず、日本のマンガ、ドラマ、アニメ、映画、小説にこれほどか、というほど入り込み、さらには結婚制度の中にも入り込んでしまっています。その意味で、現代日本人で、何にせよキリスト教の愛の影響を受けていない人はいないでしょう。

同時にキリスト教は、感情生活の奥深くまで入り込み、あるくびきとなり、善悪の基準となり、束縛となっていきます。そしてその束縛は、ロマン主義をもって完成することになります。

第4章では、そのロマンティッククラブの原型になった中世宮廷恋愛を見ていきます。

第4章　中世宮廷恋愛

「恋愛は中世の発明」という有名なセリフがあります。19世紀の思想家セニョボスの言葉とされていますが、その意味するところは、「近代から現代につながる恋愛の形が中世に作られた」ということです。

これに対して、歴史上のテーゼによくあるように、様々な批判、反論がありました。しかし、確かに細かい難癖はつけられるものの、大体において正しい説のように思われます。中世の貴族の間で、それまでなかったような新しい形の恋愛が流行ったのは事実です。フランス中世の宮廷社会では、「真の愛」「本当の愛」という意味の「fin'amor」という表現が盛んに使われるようになり、恋愛が詩のテーマとして大きくクローズアップされました。

本章では、この中世宮廷恋愛を見ていきます。

騎士の徳と精神的な恋愛

12世紀くらいに南仏で生まれた中世宮廷恋愛は、とりもなおさず貴族の愛、騎士道恋愛です。一言で言ってしまうと、これはいわゆる、身分違いの恋愛で、女性の方が立場が上です。そして肉体的な色恋沙汰を離れて、精神的な恋愛こそが重要だ、ということを歴史上初めて大々的に打ち出しました。

このような恋愛観が、第3章で見たようなキリスト教の愛の概念から影響を受けていることは明らかです。肉体的な性愛は罪で、レベルが低い、獣のレベルの欲望であり、人間のレベルはそれよりもはるかに上である。なぜなら人間は神に似せて作られ、理性をもった存在だからだ、というわけです。

しかしキリスト教の場合は、人間同士の愛、という話ではなく、あくまで人間と神の間の愛、信仰をもっていないとわけがわからない「無限の愛」がモデルです。あるいは信仰をもっている人でも、相互了解が取れないような、わけのわからない神の「無限の愛」、通常の人には理解できない、性欲から離れたアガペーの愛の話です。

このキリスト教的な愛が、人間の間の愛の中に入り込んできて、難しいことになります。

以下その経緯を見ていきましょう。

この新しいタイプの恋愛は、当時の時代状況を色濃く反映しています。一番のモデルとなった形は、領主の妻に対する騎士の恋愛で、これは以下のような事情から生まれています。

中世の封建社会では、王の下に大領主たる大貴族がいて、その貴族が土地を治めています。王が一番えらいことになっていますが、実質、大貴族の方が力が強かったり、支配する領地が大きかったりします。そして各大貴族の下には領主がいて、それぞれの領主に下級騎士が仕える、というピラミッド構造になっています。

そして、当時の貴族の結婚は政略結婚でした。なにせ封建社会です。国同士、貴族同士で領地を奪い合い、血で血を洗う戦いを繰り広げています。そんな中、結婚は貴族同士の同盟や大貴族と血のつながりをもつための重要な手段でした。貴族の娘として生まれたら、好きな人と結婚する、なんてのはありえない選択です。ヘボ貴族と好き勝手に結婚でもされた日には、一族全体が政治闘争に敗れ、実際の紛争で滅ぼされてしまうかもしれません。

結婚は政治の中での最重要カードの一つであり、貴族の女性は政治の道具として結婚させられるのが当たり前でした。

従って年端もいかない少女の頃から嫁ぎ先が決まっていたり、領主と領主の妻の間に20歳以上の年の差があったり、全く心が通い合っていなかったりするのもよくあることでした。

そういった状況の中で、結婚生活はどのようなものであったのでしょうか。

領主や大領主は、様々な紛争、特に十字軍の出兵などで、自分の城を留守にします。城には美しく若い妻が残されます。この頃から領主の妻は、お茶会のようなものを開きはじめ、会食したりダンスしたりします。そこに城を守る下級騎士たちが群がります。

下級騎士というのは、大抵貴族の次男、三男で、土地の相続権をもたない、言ってみれば「ダメな」貴族なわけですね。若くて美しい領主の妻が、若くて、おそらくイケメンの下級貴族に尽くされてしまうわけです。何かが起こらない方がおかしい。そこは人間、古今東西似たようなものです。色恋沙汰が生まれるのは火を見るより明らかです。

しかしながら、それは当然危ない恋です。許されざる恋です。城を守る下級貴族の立場からすれば、自分の仕える領主が留守の間、領主の妻と関係をもつわけです。それがバレた日には、今の芸能人の浮気騒ぎどころではありません。当然領主に殺されます。

子供でもできた日には大変です。領主の大貴族の血を汚してしまうわけですし、貴族同士の同盟関係も危うくなるので大問題です。一族の血を汚した罪で、領主の妻だって殺されても文句は言えません。

文字通り命がけの恋。絶対に秘密の恋。今のアイドルよりもはるかに厳しい恋愛禁止ルールが、そこにはあったわけです。

恋愛観の革命

その「禁止」ゆえか、恋愛観の革命が起こります。「精神的な恋愛」というのが出てくるのです。

下級騎士が、領主の妻や身分がより高い女性に憧れても大丈夫。なぜならそれは、肉体的な愛を超えた、「精神的」な愛だからです。家臣として、身分が高い女性に命の限り尽くすこと。それが騎士としての成長にもつながります。なぜなら、領主の妻に命を賭して仕えることによって、騎士としての忍耐力、忠義心が鍛えられるからです。

絶対的な主従の関係に加え、非常に厳しい恋愛禁止のルールの中で「精神的な恋愛」が生まれます。そしてこれこそが「真の愛」だ、という話になっていきます。

「禁止」ゆえに体面上「精神的」な恋愛をしていることにした、と言ってしまうと、それもまた言い過ぎです。というのも、そこにはキリスト教の影響があり、性的な快楽を追い求めるのはダメだ、というモラルが行き渡っていたからです。キリスト教にあっては、神様よりも女性を愛してしまうのはNGです。あくまで女性を隣人愛、アガペーでもって愛すのであり、ローマのように粗暴なやり方で戦利品として攫《さら》っていくのは罪になります。

第3章で見た魔女の話のように、そもそも女性は誘惑に弱い、罪深い存在とみなされる傾向があったので、それを肉体的な快楽へと誘う、というのは基本的にダメなわけですね。

すると、肉体的ではない、精神的な愛、攻撃的な性欲のはけ口ではなく、柔和で安らかで慈愛に満ちた愛、それこそが大事だ、ということになってきます。精神的な恋愛としての中世宮廷恋愛は、このようにキリスト教のモラルも十分に反映しています。

　抽象論ばかりしていても疲れるので、絵画を見てみましょう。中世宮廷恋愛のイメージを掴むために、19世紀のイギリスの画家、エドモンド・ブレア・レイトンの傑作『騎士叙任式』を見るのがわかりやすいでしょう（図10）。これは、中世宮廷恋愛からインスピレーションを受けて描かれた絵です。

図10　エドモンド・ブレア・レイトン『騎士叙任式』

　叙任式とは、騎士が騎士として認められるための儀式で、普通は領主が剣を騎士の肩に当て、騎士は君主に忠誠を誓いますが、ここでは領主の代わりに身分の高い女性が式を執り行っています。

　掲載した写真ではわかりませんが、命ある限りの忠誠を誓う鎖帷子《かたびら》に身を包んだ騎士は、ドギツイ赤の服を着ています。この燃えるような赤の服は、もちろん騎士の中で猛り狂った、女性君主への想いを表しています。そして女性が着ているのは白地に金の装飾がついたドレスですが、ここには女性の徳の高さ、精神の高潔さ、汚れのなさが表現されています。

命を賭けて、身分の高い女性に対する忠誠を誓う、彼女の意に沿うことならばなんでも躊躇うことなく実行する。ローマのように、女性を戦利品とみなして強引に略奪するなんてありえない。その意味では確かに男性と女性の立場は逆転していますね。

ローマのような粗暴さを乗り超えて、精神的な敬意と崇拝に満ちた、魂の迸りとしての愛。どんなに愛情が激しくとも、節制と慎みを決して忘れない愛、激情を理性でコントロールする愛、これこそ中世宮廷恋愛のイメージです。

絶望的な恋愛

時は封建社会、戦争、紛争の絶えない時代です。そこでは騎士の質、兵士の質が国の命運を左右します。決して裏切らず、勇敢で、死をも恐れない兵士、忍耐力があり、知力に優れた騎士が重用されます。当然、騎士の世界では、忍耐力、胆力、知性、忠義心が重んじられ、それが徳として称揚されます。

ところが中世ヨーロッパでは、この騎士の徳がなぜか恋愛と結びついてしまいます。それも肉体的恋愛を超えた精神的恋愛に結びつきます。

第１章では、古代ギリシャで、市民としての徳の教育が少年愛システムと結びついたケースを見ました。第２章では兵士の粗暴さがそのまま表れたような略奪的な愛を見ました。そして中世宮廷恋愛では、今度は騎士の徳の教育が「精神的な恋愛」システムと結びつくのです。

ちなみに、すぐ後に見るようなアンドレ司祭の宮廷恋愛論などには、第２章で見たオウィディウスの恋愛観、「恋は戦場」という考え方が見られます。とはいえローマの愛とは全く内実は違うので、中世宮廷恋愛は「誤解されたオウィディウス」なのだ、と見る研究者もいるくらいです[1]。

このようにヨーロッパでは、封建体制や、戦争の歴史が、恋愛システムの成立に非常に大きな役割を果たしている、というのは押さえておくべきポイントです。

こうした恋愛文化は、日本の伝統的な恋愛文化とはだいぶ趣が違います。

例えば古代に支配的だった妻問婚システムでは、夫婦別居が基本で、夫が妻の家に夜通う限り婚姻状態が続き、通わなくなれば自然消滅もある、というゆるい制度でした。あるいは江戸の遊郭文化では、お酒を飲んで芸者といかにイキに遊ぶか、というのが大事になっています。こんな日本的恋愛文化と比べてみると、中世宮廷恋愛の文化が異質であることは明らかでしょう。(2)

この「ホントの愛」「精神的な愛」「真の愛」ですが、これはある意味では絶望的な恋愛です。というのも、決して肉体的な満足に陥らない恋愛、禁止された恋愛、だからこそ燃えに燃えて、命まで燃え尽きてしまう、そんな愛だからです。こうして「ホントの愛」が生まれます。

このタイプの恋愛システムは肉体的な満足、近代化以前の日本でいうような色、情の世界を軽蔑します。あるいは、第2章で見たような古代ローマの恋愛、女を下に見て、「女など強引にモノにしてしまえ、女は戦利品だ！」などという考え方を軽蔑します。

中世宮廷恋愛の恋愛観は、肉体関係に重きをおく恋愛とは真逆です。「肉体的な恋愛がいかほどのものか、精神的な恋愛こそ価値がある！」という話なので、肉体的な恋愛は、動物的で卑しく、レベルの低いものとして軽蔑の対象となっていくのです。

1　C・S・ルイス、『愛とアレゴリー』、玉泉八州男訳、筑摩書房、1972

2　日本の恋愛文化史については、例えば、小谷野淳、『日本恋愛思想史　記紀万葉から現代まで』、中公文庫、２０１２／田中貴子、『性愛の日本中世』、ちくま学芸文庫、２００４／中村真一郎『色好みの構造　王朝文化の深層』、岩波新書、１９８５／佐伯順子、『「色」と「愛」の比較文化史』、岩波人文書セレクション、２０１２／赤松啓介、『夜這いの民俗学・夜這いの性愛論』、ちくま学芸文庫、２００４、等が参考になるでしょう。そこには、ヤオヨロズの神々、自然崇拝的なものはあっても、イデア論や一神教的な理性信仰はほとんどないと見て良いでしょう。

トゥルバドール（吟遊詩人）

このような宮廷恋愛、騎士道恋愛がどうやって広まったかというと、それはトゥルバドールと呼ばれる吟遊詩人が広めました。

トゥルバドールとは、ある種の大道芸人というか、弾き語りミュージシャンのようなもので、市から市へと移動し、そこでリュート（ヴィエールと呼ばれる）を使い、歌詞をつけて歌を歌いました。この歌詞の内容は大抵恋物語で、そこで中世宮廷恋愛が歌われたんですね。南仏の解放的な雰囲気の中で歌われる情熱恋愛がそこにはあります。

動画検索サイトで「Troubadour」（トゥルバドール）を調べると、現代のミュージシャンが、残された楽譜や歴史的資料をもとに、中世の音楽を再現しようとしている動画が見つかり、とても面白いです。是非時間がある時に見てほしいですね。彼らの楽曲や詩によって、先に見たような宮廷恋愛が定式化され広まっていくわけです。

例えば、中世文学の泰斗C・S・ルイスはこんなことまで言っています。

（トゥルバドールは）われわれの倫理、われわれの想像力、われわれの日常生活のことごとくを変革し、われわれと過去の古典時代、あるいは現在の東洋とのあいだに越えがたい障壁を築いたのである。(3)

中世宮廷恋愛が、本当に東洋と西洋の「越えがたい障壁」であるかどうかは、多少疑問が残りますが、まあそれだけ中世宮廷恋愛、「精神的な愛」の発明が、恋愛観の革命であった、と考える人が多いわけです。確かに中世宮廷恋愛は、恋愛の文化史においては一つの大きな事件であったと見るべきでしょう。

ちなみに、学生に「理想の恋愛とはどんなものですか」というアンケートをとると、「心からわかり合える人と愛し合う」「一緒にいて楽しくて、落ち着く」など、精神的なファクターを挙げる人が大半を占めます。カラダよりも心が大事、ということですね。

まあもちろん、大学のアンケートでは、たとえ「体の相性が一番大事」とは思っていても、書けないところはありますし、そもそも現代の若者は性的経験自体が少ないらしいので、どこまで信用できるかはわかりませんが。ともかく現代の若者の恋愛にあって、精神的なファクターが重要な位置を占めるのは間違いないでしょう。

ところが、こんな考え方は昔からずっとあったわけではなく、中世の南仏で初めて生まれたものです。

恋愛では、肉体よりも精神が大事、というこの価値観ですが、古代ギリシャには確かにプラトニッククラブがありました。あれも肉体や感覚を超えたイデアの世界、エロスの神が住まう世界が大事、という話でしたが、そのモデルは少年愛でした。

キリスト教では、エロスの世界とは違う、アガペーの世界、性欲を超え、肉の罪を超えたところにある神と人間の間の愛が大事である、とされました。

そして中世では、モデルは身分違いの異性愛になります。身分が自分より高い女性、自分が仕え、命を賭して守るべき女性を、精神的に愛する騎士。それこそが「ホントの愛」になっていくのです。

これがいわゆる恋愛観の革命、ということです。精神的な恋愛の方が価値がある、という近代の恋愛観はここから生まれていて、「恋愛は近代の発明」と言われるのも、こうした歴史的事情を指して言っているのですね。

3　C・S・ルイス、『愛とアレゴリー』、玉泉八州男訳、筑摩書房、1972、p.15

女性の神格化、崇高なる存在

すると、ここで女性の神格化が起こります。守るべき女性、命よりも大切な女性は、神格化され、崇高な存在になっていきます。「戦利品」としての女性が、「神様」にすり替わる、あるいは聖母マリアの位置に、意中の女性が置かれる、と言ってもいいかもしれません。

このような態度は、愛の女性神の崇拝という形で、古代ローマの頃からあったのかもしれませんが、とにもかくにもローマの頃は男性中心主義で、女性の方が立場が上というのは恥辱以外の何ものでもありませんでした。中世になると、女性と男性の立場が逆転します。女性の方が立場が上になってしまうのです。

実は、この部分はちょっと微妙で、やっぱり主導権を握るのは男性であり、女性も確かに崇拝の対象にはなるが、ヒトとして崇拝されている、というよりは、モノとして崇拝されているだけだ、男性中心主義は続いているのだ、という人もいます。(4) 確かにそうかもしれません。

しかしながら、ともかく流行りの恋愛モデルとして、少なくとも表面的には女性の方が立場が上になります。事実、立場が上の女性は、男性に無茶ぶりをしてきます。当時描かれた恋愛詩や恋愛物語では、意中の女性の愛情を得るためには、騎士は命を賭けて無理難題をこなさないといけませんでした。

例えば、国一番の豪傑と決闘して勝つとか、モンスターを退治するとか、切り立った崖にしか咲いていない花を取ってくるとか、そんな無理難題です。こんな意味不明な課題を、下級騎士はこなさないといけませんでした。そして、こうした無理難題をこなすことによって、騎士としても成長していったのです。宮廷恋愛は、まさに騎士道恋愛でもあったわけですね。

ちなみに、現代のテレビゲームのＲＰＧの中では、女性の願いを叶えるために、モンスターを倒して貴重なアイテムをゲットする、というのは一つの定番のイベントです。これが生まれたのは、まさに中世宮廷恋愛です。女性の言うことは、神の命令に等しく、必ず実行しなければいけない。それはまさにゲームの規則なのです。そうでなければ、「本当に愛している」などとは言ってはいけません。

このように中世宮廷恋愛にあって、女性は神格化され、崇拝の対象となったのです。

4　田村毅・塩川徹也・西本晃二・鈴木雅生編著、『フランス文化事典』「中世宮廷恋愛」、丸善、2012

レディファーストの伝統と、新たなジェンダー観

ちなみに、レディファーストの伝統も、この中世宮廷恋愛から生まれています。

11世紀末、南仏で生まれた宮廷恋愛は、イギリスに渡ります。当時南フランスの一部はイギリス王家のものであり、領地争いをしていました。宮廷恋愛文化の重要な担い手である、アリエノール・ダキテーヌは、南仏生まれのお姫様で、一度フランス王と結婚するのですが、後にイギリス王と結婚しています。そんなこともあり、南仏からイギリスに宮廷恋愛の制度が持ち込まれます。そしてイギリスでそれが継承され、レディファーストの伝統になっていった、という流れになります。

中世宮廷恋愛からは、女性のワガママを聞いてあげてこそ立派な男、というジェンダー観が立ち上がります。逆に女性は、命を賭けて自分の欲望を満たしてくれる男、「本当に」私を愛してくれる男を見つけてこそ、立派な女である、という価値観が持ち上がります。こうして生まれたのが、レディファーストの伝統です。

女性を大事にし、常に女性をエスコートし、命を賭けて守る。レストランに入る時も、安

全確認をして、ちゃんとドアを開けてあげて、女性の前を決して横切らず、常に女性を持ち上げ、女性を中心にことが運ぶようにする等。いろいろと事細かなルールが決められています。

レディファーストの伝統は、南仏で中世宮廷恋愛が生まれ、それがイギリスに渡って、習慣化したものだったのです。そしてそれは脈々と現代に受け継がれています。

余談ですが、私はフランス人の妻の祖父母の家に、１週間ほど滞在したことがあります。その際、妻の祖母は、「アジアのへんちくりんと孫が結婚してしまって、可哀想、せめて老い先短い私ができることをしてあげよう」と考えたのか、私に１週間まるまる使って、男としての心得を説いてくれました。ヨーロッパ流のジェンダー教育を、30代になって初めて受けたのですね。

人を家に呼ぶ時は、男はちゃんとホストとして対応し、肉を切り分け、ワインを注いであげるのが大事だ、というところから始まり、男は決して妻の前を横切ったりしてはいけない、常に妻のことを考えるべきだ、ポケットに手を突っ込んでエレベーターを待ってはいけない、不良じゃないんだから、会話が弾んで妻と子供を楽しませるよう、常に心がけなくてはならない、妻を喜ばせてこそ良き夫なのだから、等々事細かなレッスンを受けました。

そして、最後には自分の夫を指差し「ほらピエールを見てごらん、ピエールはいつだって私のことを考えてくれるんだから」という夫自慢に終わりました。面白いおばあちゃんでした。

まあ私としては、そんな「あるべき男性」としてのレッスンを受けながら、中世宮廷恋愛が脈々と現代にも受け継がれていることに、感銘を受けたのでした。

結婚の否定、真の恋愛は浮気である

もう一つ、中世宮廷恋愛の重要な要素として、結婚の否定があります。

結婚とは何か。それは中世にあっては、政治的、経済的な生き残り戦略です。貴族同士が勢力争いをしている中で、いかに生き抜いていくべきか、という現実的な要請に従うのが結婚です。それは、一族の血の純粋性を守り、領主の正当な子供、後継を作り育てるためのシステムです。

中世宮廷恋愛は、そうした結婚にNOを叩きつけます。そんな周囲の状況が私の恋愛を決めるのではない、経済的な理由で人を精神的に好きになるのではない、それは世俗の論理である。恋愛とはもっと崇高なもの、地上の原理を超え、天上の世界へ吹っ飛んでいくもの、美徳の世界、理性の世界の話である、というわけです。

そこには肉欲にまみれた恋愛はありません。肉体を超えた、精神的な価値を追い求めるのが恋愛である、ということになります。

すると、真の愛＝精神的な愛＝婚外恋愛という等式が成り立ちます。日本語では婚外恋愛のことを通常「浮気」と呼んでいるので、日本語に訳すと、「真の恋愛は浮気である」という命題に翻訳できてしまうのですが、それが中世宮廷恋愛なのです。

こんなことを言うと怒り出す学生もいます。まあ、あまり真剣に授業を聞いてくれない学生に多いのですが、彼らの言い分は「真の恋愛は結婚に必ずつながるものである」というものです。非常に興味深い反応ですね。これはロマン主義のところでまた見ることになりますが、中世宮廷恋愛が生まれ、伝統となり、ロマン主義によって再発見され、強化されていきます。

ロマン主義以前は、大半の場合、結婚は経済的理由で行うものでした。結婚と恋愛は別物だったんですね。しかしながら、結婚という制度とこの恋愛観が結びついて、「真の恋愛は結婚である」という妥協案が、近代ヨーロッパで生まれたのです。

また、これと並行して、周囲の視線、経済状況を超えた価値をもつ「私」というものが生まれ、これが恋愛のシステムと結びついて、西欧流の個人主義が成立することになります。(5)これは明らかに日本の歴史にはなかった考え方なのですが、明治以降、日本に輸入されてきます。少し先走ってしまいましたが、この経緯はまた、第6章で見ることにしましょう。

とりあえず、これまでのところをまとめると、中世宮廷恋愛は以下のような性質を持ちます。

1　自分より身分の高い女性への愛、人妻への愛、精神的な恋愛であり、これこそ「真の恋愛」である。

2　従って「浮気」と三角関係がベースである。結婚生活に真の愛はない。

3　秘密の愛、苦しい愛、それを通して人格を磨くような恋愛である。だからこそ、恋愛を通じて徳を磨くことができる。「謙譲」や「忠誠」といった騎士としての徳である。

4　女性崇拝の愛の宗教である。

このような恋愛はギャラントリー (galanterie) やクルトワジー (courtoisie) という言

葉に集約され、前者は「雅な態度」、後者は「宮廷風の振る舞い」などと訳されます。訳してしまうと、意味がボヤけるのですが、要するに宮廷恋愛風の、女性をもち上げる態度、ということですね。女性はもち上げられまくって、ついには神様のように崇拝の対象にまでなってしまいます。

日本では、三歩下がって師の影を踏まず、ではないですが、女性は男性の後ろにいて（奥様、というように）男性を立てる、あるいは立てることになっているのですが、中世宮廷恋愛では、むしろ女性が立てられる側にまわります。この点はやはり大きな差異である、と見て良いでしょう。やはり中世の精神的な恋愛は、日本的な色恋沙汰と構造的に違う、ということが見て取れるでしょう。

5　François Singly, Danilo Martuccelli, Les sociologies de l'individu : Sociologies contemporaines, Armand Colin, 2009

アンドレ司祭の恋愛論

さて、抽象論ではなく、もう少し具体例を見てみましょう。

中世宮廷恋愛の具体例というと、通常はトリスタン・イズーの物語やアーサー王伝説などを見るのですが[6]、それよりも、アンドレ司祭の『中世宮廷恋愛論』を見る方が手っ取り早いでしょう。

司祭のアンドレ・ル・シャプランは、ラテン語表記でアンドレアース・カペラーヌスと言います（André le Chapelain, Andreas Capellanus）。あまり伝記的事実は伝えられていないのですが、ともかく12世紀の司祭、または王宮の書記、相談役でした。

自身の筆による宮廷恋愛論で歴史に名を残しているのですが、これがまたすごい本です。この中世に書かれた恋愛書のために、アンドレ司祭はカトリックを破門になってしまいます。それもそのはず、彼は司祭であって、恋愛禁止のはずなのに、このタイプの女はこう口説け、と誘惑のマニュアルを書いてしまったからです。

まあ、それはさておき、この恋愛書には、宮廷恋愛のあり方がよく表れています。ざっと見てみましょう。

アンドレ司祭は、恋愛（amour）という言葉は、鉤針（amus）というラテン語から来ていて、鉤針で引っかける、引っかかる、という意味である、と説明します。そこから恋愛をこう定義します。すなわち、恋愛とは心を鉤針に引っかけようとして、あるいは引っかけられて感じる苦しみである、と。

アンドレ司祭はこう続けます。

恋愛とは、異性の美しさを見て、その美しさに虜になった時に生まれる自然な情熱である。実際、恋愛の苦悩より大きい苦しみはない。なぜなら恋に落ちたものは、その恋愛が実るかどうか、努力が無駄に終わるのではないかという恐れに常に捉われているからである。もし恋するものが貧乏であったら、彼は意中の女性がそのことを笑うのではないかと恐れ、醜かったなら、愛する女性が彼の思うままにならない容姿を蔑《さげす》んでいるのでないか、別のより美しい誰かの愛を求めて何処かに行ってしまうのではないかと恐れ、金持ちであったなら、自分の今までの倹約っぷりを悪く見られるのではないか、と恐れるものだ。(7)

恋愛とは、異性の外見上の美しさの虜になり、その相手の敬意、尊敬、愛情を狂ったように待ち望む病的状態であり、片思いの時はあの人にどう思われているだろう、と不安で苦しいし、両思いになっても、いつか愛を失うのではないかと不安の種は尽きず、苦しい。すなわち、恋愛とは苦しみである、と。

これは仏教的な愛の概念、つまり愛は執着であり、苦悩であり、煩悩の一つに過ぎない、だからこそ捨て去るべき感情である、という話に似ているのですが、仏教的な愛と中世宮廷恋愛の最初の相違点は、次のようなことです。

すなわち、恋愛は不安で苦しいが、人を成長させる、ということです。なぜなら、恋愛する人はいつでも意中の人に敬意を払い、その人のためだけを思い、忍耐するので、忠実さ、貞潔さ、謙虚さ、抑制力、が高められる、というのです。

引用してみましょう。

愛には次の効用がある。すなわち、真の愛人は如何なる貪欲によっても蔑まれない。愛は粗野でむくつけき者をもあらゆる美徳で飾り、生まれ卑しき者は気高き心、高慢なる者は謙虚さで満たしてくれる。愛する者はすべての人に分け隔てなく上品に振る舞うようになる。ああ！　愛とはなんと素晴らしいものか、すべての人びとをもろもろの徳で輝かせ、高貴な心で満たす術を教えてくれるとは！

さらに愛には短い言葉では誉め尽くせないもう一つの美点がある。愛は貞潔という徳で人を飾る。なぜなら、唯一の愛の光で輝いている者は他の美女を抱擁したいとは決し

て考え及ばないし、一途に己の愛を考えていれば、他のどんな女性の姿も粗野で不粋にしか映らないものだから。(8)

ものすごく簡略化して言えば、恋愛を通して人は成長する、ということですね。現代日本の学生からも、恋愛を通じて成長したい、なんていうのはよく聞く意見ですが、中世の場合は、あくまで騎士道恋愛なので、騎士としての徳が高められる、というのがポイントです。忠実さ、裏切りに対する嫌悪、謙虚さ、礼節、忍耐力、抑制力、理性、知性という徳がアップし、心を高貴なものにしてくれます。だからこそ恋愛は素晴らしい、という話になっていくのです。

6　ドニ・ド・ルージュモン、『愛について　エロスとアガペー』、鈴木健郎・川村克己訳、平凡社ライブラリー、1993／水野尚、『恋愛の誕生　12世紀フランス文学散歩』、京都大学学術出版会、2006
7　アンドレーアース・カペルラーヌス『宮廷風恋愛について』、瀬谷幸男訳、南雲堂、1993、p.11
8　前掲書、p.14

恋愛において人は理性的であるべき

アンドレ司祭は、では愛を得るには、どうしたら良いのか、と話を進めます。彼は、五つの方法がある、と言います。まずは外見、そして気高い心、弁舌の冴え、さらには財力と気前の良さです。

中世宮廷恋愛は貴族の恋愛なので、最初から貧乏人や教育を受けてない粗野な人は相手にしていません。恋愛するべきは貴族、あるいは金持ちの平民のみ。農民は基本的に無理。なぜなら金と暇のある人だけができるのが恋愛だからです。

とはいえ、経済的な条件は最重要の要素ではありません。また外見もさほど重要視されていません。最も重要なのは気高い心、弁舌の冴え、であるとされます。

なぜ気高い心と弁舌の冴えが重要視されるのでしょうか?

一言で言えば、理性が大事だからです。これはキリスト教由来の価値観です。アンドレ司祭は、ともかく動物のように、本能に任せて行動しちゃダメだ、と説きます。これもわかると言えばわかる話なのですが、実は日本人が解するような意味とは少しずれています。

ここで言われているのは、恋愛において人は理性的であるべきだ、ということで、「理性的恋愛」が説かれています。(9) ここにもキリスト教の影響が圧倒的にあって、肉体の低レベルな動物的な欲望を制御する理性、知性こそ最大の価値であり、美徳である、という価値観が底に流れています。

こうした知性信仰は日本にはあまりないので、「理性的恋愛」を理解するのは、実はとても難しいことなのです。

9　ヨーロッパでは「理性」という言葉に対する重みが日本とかなり違います。恋愛という感情の話ですが、それを理性でコントロールする。その時の理性は、人間の絶対的価値としての理性です。この価値観は日本にはなかったし、おそらく今でもありません。人間の価値とは何か、と学生に聞いてみると、ほとんどが「知らない」「考えたことがない」という回答になります。「理性」と答えるのはかなりの少数でしかありません。日本文化にはキリスト教のように、知性や理性を絶対視する価値観がなく、絶対的な価値観が仮にあるとしても、それは空気や他者の視線、世間くらいでしょうか。無論、それも「絶対」というより移ろいやすいものです。恋愛に限らず、日本とヨーロッパの文化を比較する際には、日本では「理性」や「絶対」に対する思い入れが薄い、ということは、押さえておくべき基本的なポイントです。

理性的恋愛としての中世宮廷恋愛

中世宮廷恋愛は「理性的恋愛」です。肉体的な欲望を理性でコントロールしてなんぼの世界です。精神の気高さ、余裕、機知、徳の高さ（忠実さ、勇敢さ、奉仕の精神）、これを弁舌、論証によって示すのが重要になります。だからこそ、気高さと弁舌の冴えが一番大事なんですね。

これも日本人的な感覚からは程遠いのですが、口説く、というのは理性的な論証です。理性によって荒れ狂う肉欲をコントロールし、時に暴発する恋愛感情を理性的に取り扱う、その手腕を見せるのが口説くという行為です。そして、相手がいかに優れた徳を備えていて、自分もいかに知性豊かであり、従って私の愛は正当なものである、と論証するのが口説くという行為なのです。

日本人男性は意見が言えない、もてない、口説けないというのが、ヨーロッパにおける一般のイメージですが、これは中世宮廷恋愛のような伝統が、日本にはなかったのも一因でしょう。

では、実際の場面ではいかに口説くか？

アンドレ司祭は、平民が貴族を口説く場合、貴族が大貴族を口説く場合、というように場合分けして、誘惑のためのマニュアルを展開していきます。

どの場合でも、ポイントは、いかに自分が精神的に徳が高いか、いかに自分があなたに心を捧げているか。いかにあなたの徳が高く、美しく、エレガントであるか、それを論理的に論証する、ということです。自分が相手の愛に値する存在であることを論証する。言ってみれば、小論文です。

ちょっと例を見てみましょう。平民の男性が貴族の女性を落とす時にはこうしろ、と書かれています。

【男】

「周知のごとく、愛の神は人の身分や肩書きに関係なく、またその外見、出生、性別あるいは血筋のいかんにかかわらず、すべての人間を平等に愛の神の兵士として徴兵し、その軍務に仕えさせます。ただ一つ入隊の基準があるとすれば、その人が真に愛の鎧をまとうにふさわしいか否か、その点にあるものと確信いたします。…愛の神は…愛する者も階級によって区別せず、愛を求める男性が、愛の神の放つ矢によって心底深手を負っているか否かを基準にして、その是非を判断しなければなりません。…貴女もご承知のように、僕はずっと以前から貴女への恋の矢に深く傷つき、その傷跡が人目につかぬようあらゆる努力を払ってきました。…実を言えば、貴女こそ僕の死にも優る苦しみの原因であり、またそれを和らげてくれる最良の薬でもあるのです。僕が生きるも死ぬも、その鍵はひとえに貴女の掌中に握られているからです」

【女】

「本当にびっくり仰天しましたわ！　ものの道理がこれほどまでに混乱し、原理原則のたががゆるみ、なおかつこの世が崩壊しないとしたら信じられないことです。……大昔から人間の身分の上下の差が存在するのはそれ相当の理由があってのことです。故に、人は皆、自分の身分の範囲内に最後まで帰属し、そのすべてに満足して生きていかなければなりません。……なぜならノスリは自分の力でシャコやキジを捕えることができましょうか。鷹や鷲こそこれらの獲物を捕えるにふさわしい鳥であって、臆病者のノスリが出る幕ではないのです。同様に、あなたもより身分の高い女性の愛を求めるような分不相応な愚行を厳に慎しむべきです。

さらに、今しがたあなたが述べた考え方にも納得しかねます。すなわち、愛の神は身分によって差別することなく、愛の鎧をまとうにふさわしい人は誰でも愛するように仕向けるものである、とか……確かに愛の神は平等に愛することをすすめますし、そのことに関しては決して反対するつもりはありません。けれども、その後に続くあなたの意見、すなわち、女性の愛を求める男性が心底彼女を愛しているか否かが重要なことで、その他のことでは差別があってはならない、ということには賛成できません。なぜなら、その考えは明らかに間違っているからです。もしそれが本当なら、《愛の神は不公平な分銅を手にしている》という警句は否定されることになるからです。以上のような推論が結果として間違えであることが証明されれば、あなたの考えも当然誤りであることが明らかになり、私の主張こそが正しいことが立証されるでしょう」

【男】

「貴女は慈悲深くかつ丁寧なお答えをくださいましたが、それは貴女の気高いお人柄の証だと思います。貴女の振る舞いも言葉使いも実にご自身の品位にふさわしいものでした。会話における上品な言葉使いほど、その方の高貴なお人柄を偲ばせるものはありませんし、逆に下品な物の言い方ほど、気高い身分の人の名誉を損ねることはありませんから。ただ、先ほど貴女は僕の外見からして素姓が一目瞭然であると言われましたが、それには大変びっくりしました。この点に関する限り、貴女は考え違いをされております。なぜなら、生まれの良さや外見の美しさが伴わなければその人の内面の気高さまでも認めようとせず、しかるに一方では内面の気高さがなくとも、姿形が美しいとか血統が良いとかを平気で認めてしまう人々がおりますが、貴女の考えはそれと同じように思えるからです。これはいかに馬鹿げた考えであるかは、元来人間の高貴さは内面の気高さや上品な振る舞いに由来するという教訓によっても証明されます…」

理性的恋愛は、論証のゲーム

このやりとりが口説きの文句である、というと、違和感を覚える人が多いと思います。なぜなら、日本では論証によって、相手を打ち負かし口説く、という形は、コミュニケーションの形として考えにくいからです。

好きな女性を論理的に打ち負かしてしまったら、気分を害される以外ないですね。口説きの作法としては最悪です。論争を嫌う日本人であれば、当然こんなコミュニケーションの型が存在するはずもありません。

なぜ中世ヨーロッパにあって、これが口説き文句として通用したのか、というと、まずはキリスト教による知性崇拝があります。

人間の人間たる所以は知性にあるのであり、動物より優れた人間は、知性によって物事を把握する。その完全たる知性は神であり、その神に似た形で作られたのが人間である。ところが人間は間違う。だから論証によって、議論によって、より正しい道、神への道を追求しなければならない。まあ、こんな議論と論証に関する伝統と知性崇拝、理性崇拝があるわけです。

それをベースとして恋愛の文化が立ち上がります。恋愛が「理性的」恋愛として成立し、口説く、口説かれる、という誘惑のゲームが、論証、弁論のゲームとなるわけです。知性と品性が大事である中世宮廷恋愛とは、このようなものです。

20世紀オーストリアの大作家ロベール・ミュジルは、恋愛とは饒舌である、と言っていますが、これはヨーロッパの恋愛の特徴です。ヨーロッパでは口説きの型の一つとして、男女の誘惑のコミュニケーション方法の一つとして、論証のゲーム、というのがあったのです。

ここに挙げたやりとりは全体のごく一部で、二人のやりとりはもっともっとだらだらと長く続いていています。しょうもない揚げ足取りの応酬、と日本人なら言いたくなるのではないでしょうか。しかしながら、これこそが理性的な恋愛、精神的な恋愛のあり方で、また誘惑の作法でもあったのです。

ちなみに、こうしたテクストには、オウィディウスの影響がはっきりと見て取れます。恋愛とは戦場であり、恋人は兵士である、という考え方です。これは最初の男性の言葉、「愛の神の兵士」「軍務」「愛の鎧」なんて言葉使いに見られますね。

そして、第2章で見たヴェヌス神、クピード神に対する信仰も、ここには色濃く反映されています。「愛の神の放つ矢」で胸に深い傷を負う、なんてくだりは、まさにそうですね。

こうして見ると、ローマの恋愛と中世宮廷恋愛の連続性は明らかです。

しかしながら、オウィディウスが、皮肉と諧謔を駆使して、どこまで本気で言っているのかよくわからない、微妙で冗談交じりのテクストを書いていたのに対し、中世宮廷恋愛はそれを真面目に受け取っていた感があります。その意味で、中世宮廷恋愛は「誤解されたオウィディウス」なんて定式化もされたりするわけです。

その説の真偽はさておき、古代ギリシャ、ローマから中世フランスへと、恋愛文化が蓄積され、固有の変化をし、恋愛文化の歴史が展開しているのは確かなことです。

アンドレ司祭の恋愛否定論

アンドレ司祭の中世宮廷恋愛論に戻りましょう。

司祭は、こういう女はこう口説け、恋愛は素晴らしいんだ、と連呼した後に、最終章で、ここまで書いたことを否定し、恋愛を全否定することになります。

一応司祭なので、肉欲におぼれるのは立場上まずい。でも、口説きのテクニックを見ると、こいつ経験者だな、というのがわかる。特に、これは絶対やったらだめですよ、修道女を誘惑するのとか、私やっちゃったんですけどね、すっごい経験でしたけど、やったらあかんですよ、と言っているようなものです。

当然カトリック側から破門が決定されます。資料が少ないので実際にどうだったかはわかりませんが、これも第3章で触れた、フランス的、堕落した司祭の一例であった、という匂いがプンプンします。

とはいえ、司祭が恋愛を否定するそのロジックは興味深いところがあります。そのロジックをまとめてみましょう。

まずはキリスト教の教義に忠実な言い方として、姦淫の罪に浸る恋愛よりも、神への愛を大事にすべきなので、恋愛はダメだ、ということが言われます。性欲にまみれた恋人への愛よりも隣人愛の方が大切であり、さらには神への愛が最重要である、という話です。性欲は肉体だけでなく、魂も汚し、理性を曇らせるので、恋愛は大罪である、と。

そして、今まで散々恋愛を推奨していたくせに、手のひらを返して、恋愛に関わるとろくなことが起こらない、と司祭は主張し出します。恋愛は友達をなくすし、名誉を失わせるし、政治的な対立を生むし、嫉妬や不安など苦しいことばかりだし、場合によっては殺人、姦通、偽証などの悪事につながる、というわけです。挙げ句の果てに、エッチしすぎると体力がなくなって、兵士としての質が落ちる、などと言い出したりもします。

さらにはキリスト教ならではの、女性嫌悪もバリバリに出現します。いくつか引用してみましょう。

女性とは決して自分の夫を愛したり、愛人に対しお互いに愛の鎖で結ばれることはありえない。何故なら、恋愛によって彼女が求めるのは、我が身を豊かにすることであって愛人に快い慰めを与えることではないが、それは女性の本性に由来するものであり、決して驚くには当たらない。女性は皆その本質上、吝嗇《りんしょく》と貪欲の悪徳にまみれており、金銭を追い求め利欲をむさぼり、注意深く耳をそば立て腐心している。(10)

その上、女性は皆、生来ケチであるばかりか、嫉妬深く、他の女性を中傷し、強欲で、胃袋を満たすのに忙しく、気まぐれで、言うことは矛盾し、不従順で、禁じられたことに逆らい、傲慢の悪徳に染まり、無益な名誉を追い求め、嘘を吐き、酒を好み、お喋りで秘密は守らず、極めて放逸にしてあらゆる悪徳をしでかす傾向をもっている。その上、心底愛情をもって男性を愛そうとはしない存在である。(11)

まとめると女性は人としてクズである、と言えそうです。ひどい女性嫌悪ですね。よっぽどの女難にあって、ひどい思いをしたとしか思えないほどの、怨恨、ルサンチマンに満ちた言い方です。

そしてこれは、キリスト教の人類誕生神話、原罪の話へとつながっていきます。

虚栄心もまた女性の心を強く捉える。というのは、何よりも人から誉められるのを喜び、自分に関するあらゆる世評は自分の名声を高めるのに役立つものばかりと、信じ込まないような女性はこの世に一人も存在しないから。このような罪は最初の女性エヴァ（筆者注：イヴ）の中にも善悪の知識を手に入れようと禁断の木の実を食べた時に認めることができた。(12)

傲慢な罪人としての女性、蛇の誘惑に弱い女性、道徳的に劣った存在としての女性が原罪の教義とともに提示されています。

中世宮廷恋愛自体は女性を崇め奉り、女性に仕える、という新しい形の恋愛である、と言いました。中世宮廷恋愛は、精神的な愛を唱え、性欲を嫌うものである、ことも見てきました。しかしながら、その肉体的なものを否定する態度、キリスト教的なモラルの中には、女性蔑視の傾向も強くある、というのが不思議なところです。

騎士道の論理とキリスト教的なモラルがせめぎ合っている、といったところでしょうか。あるいは人間がもつ肉体性と神の精神性がせめぎ合っている、という対立もあるでしょう。

いずれにせよ、中世宮廷恋愛とは、そのようなヨーロッパ特有の緊張関係の中で展開した、新たな恋愛制度である、と見ることができるでしょう。古代ギリシャ、ローマを経て、キリスト教を通過し、ヨーロッパの封建社会の中で誕生した近代的恋愛。これこそが中世騎士道恋愛＝中世宮廷恋愛だったのです。

そしてこの制度は、やはり制約として現代日本にまでその影響を及ぼしています。日本の女子学生に中世宮廷恋愛由来のレディファーストを説明すると、「やはり恋愛相手はこうでなくちゃ」という反応が時々帰ってきます。この場合「真実の愛＝レディファーストの愛」と、やや短絡気味ではありますが、中世宮廷恋愛が現代の日本人女性にも強い影響力を及ぼし、その感情生活を縛っている様が見て取れます。

目線をヨーロッパに戻しても、ヨーロッパはいまだに中世宮廷恋愛に縛られている、と見ることもできるでしょう。というのも、中世宮廷恋愛は、第5章で見るようなロマン主義者によって再発見され、ロマン主義的恋愛としてまたヨーロッパで大流行し、今でも強い影響力を持ち続けているからです。

次章ではそのロマン主義的恋愛を詳しく見ていきます。

10　前掲書、p.207
11　前掲書、p.208
12　前掲書、p.213

第5章　ロマンティックラブとは？

日本文化の中に定着した？　ロマンティッククラブ

ロマンティッククラブとは何でしょうか？

現代日本で「ロマンティック」という言葉を聞いたことのない人はいないでしょう。ロマンティックな映画、ロマンティックな雰囲気、などなど。

学生にアンケートをとって、ロマンティッククラブの典型的なイメージを挙げてください、と言うと、「誰もいない海辺で恋人と二人きり」「イルミネーションを見上げる仲の良いカップル」「星空を見上げて愛を語り合う」という答えが返ってきます。

こうして見ると、「ロマンティック」という言葉は、かなりしっかりと日本語の語彙の中に定着しているようです。ギリシャ的恋愛や中世宮廷恋愛がほとんど人に知られていないのに対して、「ロマンティッククラブ」のイメージをもっていない人は皆無ではないでしょうか。

とはいえ、この「ロマンティッククラブ」の定義を述べてください、と言うと大体の学生は困惑します。実際、何となくのイメージはあっても、概念的にちゃんと把握している人は少ないでしょう。

このカタカナ語が示す通り、「ロマンティッククラブ」は欧米文化の産物で、１００パーセントの輸入品です。あえて訳せば「小説的恋愛」「幻想的色恋」「空想的色情」とでもなるでしょうか。もちろんこんな訳語は定着せず、ほかの輸入語と同じく、しっかりした定義はそっちのけで、とりあえずのイメージだけがドラマ、映画、マンガ、小説の中を飛び交っています。

そこで、この章ではロマンティックの本家本元ヨーロッパにおいて、いかにこのロマン主義的な愛が歴史的に成立し、どのような性格をもっていたのか、詳しく追っていくことにしましょう。

ロマンティック＝ロマン主義――現実よりも幻想を、理性よりも感性を

ロマンティックという言葉は、もともと「小説のような」という意味です。どんな小説かというと、17世紀中頃にイギリスでよく読まれていたもので、第４章で見たような中世宮廷恋愛をモデルにしています。南仏で生まれた騎士道恋愛が、イギリスに渡り、そこで熟成され、できあがってきた文学です。

中世宮廷恋愛をモデルにした、大好きな女王のために命を投げ出す冒険ものの話で、ドラゴンクエストシリーズのような巨鬼《トロール》あり、魔女あり、妖精ありの空想的な冒険恋愛物語でし

た。それが「ロマンティック」と呼ばれるようになります。想像力に溢れ、現実離れしている冒険活劇、恋愛物語のことです[1]。

この「ロマンティック」なるものが19世紀にヨーロッパで大流行します。話は文学だけでなく、絵画や音楽にも及び、様々な個性的な芸術家が出現します[2]。ロマン主義は、文学、音楽、絵画の領域を横断しつつ、ヨーロッパの国中を駆け巡る、複雑でいろいろな方向性をもった芸術運動に発展するのです。

歴史上の一大運動の常で、細かく言うときりがないし、大雑把にまとめるといくらでも反例は見つかります。遠くから見ると、ぼんやりと統一性はあるけれど、近くで見るといろいろとごちゃごちゃしていてよくわからない、それが歴史である、ということで、先ほどちょっと偉そうに「日本ではロマン主義を概念的に正確に把握している人はいない」などと言ってしまいましたが、「概念的に正確、精密な把握は無理」というのが、おそらくは正しい見方です。

まあ、そんなことばかり言っても仕方がないので、学問的厳密性を犠牲にして、あえてものすごく簡略化していきましょう。

一言で言うと、ロマン主義とは、幻想万歳の世界です。18世紀が理性と権威の時代であるのに対し、19世紀は、そんな理性では割り切れないものもたくさんあるでしょ、権威なんかロクでもない、という話が主流になる時代です。それで、現実よりも、幻想＝理想万歳、理性よりも感情万歳、ということでロマン主義が流行るのです。

そこで、このロマン主義的精神をもうちょっと詳しく見ていきましょう。

1　パット・ロジャーズ、『図説　イギリス文学史』、桜庭信之訳、大修館書店、１９９０、p.337

2　あるいは芸術家の独自性というもの、「ロマン主義的天才」なるものが、この当時、発見され称揚されました。後に見るような個人主義の幻想万歳の価値観を元にした天才です。「個性的な天才が多く出ました」というような説明の仕方もしばしばされますが、これもまた、当時生まれたロマン主義的世界観に今でも流されているだけかもしれません。

文芸におけるヨーロッパの知的交流

文学史的に言うと、18世紀末から19世紀初頭、イギリス、ドイツ、フランスを主な舞台として、ロマン主義が起こります。イギリスのシェイクスピア、『ロミオとジュリエット』の世界観などを一つの発想源にして、ほぼヨーロッパ全土に広がりました。ざっと主要な文学者とテーマを挙げると、こんな説明がよくされます。

フランスにルソーが出てきて、今まで理性により抑圧されてきた、感情、直感の重要性を唱え、「私」の感性世界を重要視します。そして今度はそれがドイツに輸入され、ゲーテ（ドイツのルソーなどと呼ばれる）やシラーの「疾風怒濤」が出てきて、やはり感覚の重要性を訴え、ロマン主義の下地を作ります。これがドイツで花開き、文学だけでなく、ヘルダーリンやフィヒテなど様々な哲学者、思想家もロマン主義的な思想を展開します。そこで問題になるのは、やはり「私」の世界の確立、個人主義的世界観です。そしてそれが、スタール夫人などによりフランスに紹介され、フランスロマン主義の端緒を開きます。

フランスでは同時期にシャトーブリアンがメランコリックな恋愛をネタに、自伝という「私」語りを確立し、ラマルチーヌやユーゴーがそうした新たな感性に適応する新しい詩法を生み出します。

それまで詩法とは、いろいろな規則を重視しつつ創作する方法論でした。つまり、感情を理性に従わせるのが要だったのです。しかしロマン主義の世代になって、「そうじゃない、理性よりも感性に重きを置き、一般的な法則を超えた個人の世界の表現を目指すのだ」ということで新しい詩法が求められたのです。そしてそれがまた、イギリスの作家に影響を与えます。

このように、イギリス、ドイツ、フランスの国境を越えた影響関係の中で展開していったのがロマン主義です。

使う言語によって、ずいぶん差があり、同じ国でも作家によって、だいぶ趣が違うのですが、大抵の場合、個人の世界の特権的な題材として恋愛が取り上げられ、そこではしばしば中世の「ロマンティック」な宮廷恋愛が再発見、再評価されます。

ヨーロッパの文化的共通項としての「ロマンティック」

国がどこであれ、ロマン主義にあって問題になるのは、18世紀の啓蒙主義の否定です。

啓蒙主義とは、理性の光で全てを照らそう、という運動です。そこでは、理性で全てを裁断して、感性世界の表現も、がんじがらめの理性的なルールを適用して表現するというのが主流でした。そうした理性の枠を飛び越えた感情と感覚の世界などは許されず、全てを理性的で一般的なルールに従わせよう、としていたのです。

しかしながら、ロマン主義にあっては、理性の光では照らしきれない神秘的な世界や、心の闇、感情の迸りが、実は大事なのではないか、という話になっていきます。これがヨーロッパ全土で広がり、芸術、思想の一大運動になったのです。

このロマン主義の隆盛は、ヨーロッパの精神史的にはとても大きな事件でした。

例えば19世紀末から20世紀初頭に大活躍したフランスの批評家、文学史家、ブリュンチエールはロマン主義を念頭に置いてこんなことを言っています。

ヨーロッパの至る所で、8世紀から10世紀以来、いろいろな考え方がやりとりされ相互浸透してきたのだが、今や我々が見るところ、明白であるのは、一国の文学史はヨーロッパ全般の文学史の中に統合されるのが良い、ということである。(3)

このようにヨーロッパの知的交流が活性化し、頂点に達したところでロマン主義がヨーロッパ全土を席巻した、と見ることができます。ヨーロッパ共通の文化的な要素としてロマン主義が確立した、と見ることも可能でしょう。

3　Alfred Biedermann, Le romantisme européen, Nouveaux classiques Larrousse, 1971, p.29.

文学史の編纂とナショナリズム

ところで、「文学史を編纂する」というのは実は非常に重要な政治的な事柄です。なぜなら、文学史というのは、ある国の感性の歴史であり、これが身体感覚としてわかる、ということが、国民の間に強固な連帯感を作り出すからです。

日本の場合ですと、例えば「古池や　かわず飛び込む　水の音」という俳句があります。これを読んだ時、小さい頃からよく行っていたお寺の池やら、そこにいる蛙やらのイメージがぱっと浮かび、その水の音のイメージがある特別な感覚を生み、それが五七五のリズムで謳われた時に、非常に感慨深く感じてしまう。

これは日本で育ち、教育を受けた人がもつ感性です。つまり、外国人にはほとんど理解不能の感性です。

すると、そうした日本人ならではは感覚というのは、ナショナリズムと密接に結びつきます。もちろん芭蕉自身は、ナショナリズムに自分の歌が利用されるとは思わなかったかもしれません。しかしながら、国をあげて戦争する時には、自分たちの心の拠り所、アイデンティティをしっかり作り、連帯感を作らなければいけない。そんな時に日本人ならわかる感覚、というのは非常に大事なのです。

そしてそれは、文学史が詳細に記述する感性の歴史から生まれてくるもので、この話になると国民の間に強い一体感が生まれ、逆にこれがわからない人は、外国人ということになります。

つまり、この文化的な遺産、この感性世界は我々国民だけのものであり、この良さがわからず、これを破壊しようとするのが外国人である、と。だからこんな野蛮な外国人など排除して、殺してしまえ、というロジックになっていくわけです。

その意味で、文学史の編纂というのは、ナショナリズムに、一直線につながるのですね。ロマン主義というのは、例えばドイツの民族意識の高揚と表裏一体だったりします。

ナショナリズムを超えたロマン主義

しかしながら、ロマン主義の凄まじいところは、ナショナリズムの高揚する時代にあって、国境を越え、ヨーロッパ全体にその運動が広がったことです。言い換えれば、ヨーロッパ全体の共同体のアイデンティティを提供しうる、感性の歴史の大きな出来事であった、ということです。

実際、ヨーロッパ文学、さらにはヨーロッパの共通の精神的一体感は、このロマン主義の成立によって大々的に花開いています。

ヨーロッパのアイデンティティ、もちろんそんなものは眉唾ものなのですが、これを無理やりでっち上げようとする時、文化の共通の根、としてロマン主義が見つかります。つまりロマン主義とは、ヨーロッパを精神的にまとめてしまう、そんなパワーをもった運動だったのですね。

同様の文脈で、オックスフォードの碩学、アイザイア・バーリンはこんなことを言っています。

ロマン主義の重要性は、それが西欧世界の生活と思想を変容させた最近の運動であるところに存する。私には、それは西欧の意識のうちに生じた最も重要な単独の変遷であり、19世紀から20世紀にかけて生じた他の全ての転換はこれに比べて重要性が低く、少なくともそれから深い影響を受けているものだと思われる(4)。

バーリンの主張はそれほど突飛なものではありません。もちろんロマン主義は、アンチロマン主義者をたくさん生みました。アンチの人にとってみれば、ロマン主義などは過去の遺物なのでしょう。しかしながら、19世紀に西洋を席巻したこの芸術上の運動は、様々な作品を生み出し、今でもロマン主義的なビジョンは脈々と受け継がれています。

そしてそれは、バーリンが言うような西欧世界だけの話ではなく、グローバル化する現在にあっては、ハリウッド映画やら、日本のドラマ、アニメ、マンガにまでその影響を与えていて、その影響力は計り知れません。従ってロマン主義革命は、世界文化史の中でも、非常に大きな出来事であったと言っても過言ではないでしょう。

4　アイザイア・バーリン、『バーリン　ロマン主義講義』、田中治男訳、岩波書店、２０１０、p.2

革命と個人主義とロマン主義的恋愛観

しかしながら、なぜそれほど、ロマン主義は影響力をもって、世界中に広まったのでしょうか。ここで押さえておくポイントは、やはり革命と個人主義とロマン主義の関係でしょう。ご存知の通り、ヨーロッパでは18世紀末から封建社会の矛盾が頂点に達し、革命が起こります。王政が倒され、王の圧政から民衆が解放され、封建的な秩序が崩れ、自由で平等な社会が作り上げられていきます。すると、個人主義的な価値観、ものの見方が非常に重要になります。

それまでは生まれが貴族であれば、一生貴族として、農民であれば農民として、靴屋であれば靴屋として、生きることが当たり前でした。職業選択の自由がなかったわけです。そして好きな人と結婚する自由もあまりなかった。靴屋であれば、それに見合った社会階級の人と結婚する、というのが普通で、自分自身のやりたいことをする、自分勝手に好きな人と結婚する、などというのは、社会秩序を乱すものとして眉をひそめられたのです。

だから人は、周りの価値観に従っていれば良かった。集団主義的なものの見方をしていれば事足りた。

しかしながら革命以降は、それが崩れます。矛盾だらけの「社会秩序」、不平等の源泉たる「秩序」などぶち壊せ、となります。

実際に革命が起こり、封建制度が崩れると、今度は各人が各々の欲望に従って、自分の人生を作り上げていく世の中になりました。権威的な秩序を打ち壊して、自由を得たわけです。理性の名の下に作られた、がんじ絡めの体制から抜け出し、本当の自分を解放する、本当の自分を発見し、それに従って生きる、という社会です。

まさに個人主義的なヴィジョン、価値観ですね。これが革命以降、次第にヨーロッパ共通の価値観になっていきます。

ロマン主義は、基本的にその流れに乗って、ヨーロッパ全土に広まります。もちろん、革命が一筋縄でなされたわけではなく、自由を求める闘争が、ふと気づいたら恐怖政治になってしまったり、やっぱり王政の方が良かった、と王政復古が起こったり、と紆余曲折を経ます。

しかしながら、理性の名の下に権威を振りかざす体制から解放され、自由を、平等を得るのだ、という個人主義的なヴィジョンは知識人から民衆へと次第に浸透していきます。

そこでロマン主義です。

理性よりも個人の夢を重視する、体制、社会秩序を維持するために、自分を抑えて「理性的」になるよりも、感情的な爆発を重視するロマン主義です。

本当の自分を解放する、自分らしい本当の人生を生きる。そして自分らしく生きるために、最も重要な要素、人生の一大イベントとは何か。個人の感情生活の中で最もかけがえのないものは何か。それこそまさに恋愛であったのです。

ここに、革命と個人主義とロマン主義的恋愛が複雑に絡み合うことになります。

実際、ロマン主義的な見方というのはヨーロッパの恋愛観を大きく発展させます。どう変わったか。一言で言えば、恋愛を宗教として完成させた、と言って良いでしょう。

先に中世の理性的な恋愛を見ました。情熱に溢れるのだけれど、それを理性でコントロールする愛。ところがロマン主義にあっては、理性によって蔑まれてきた、肉体の世界、感性の世界が復権します。すると、感性の世界込み、すなわち肉体的恋愛込みでの精神的恋愛の宗教ができあがります。

この点に関して、やはり巨視的な視点から、キリスト教の影響について把握しておいた方が良いでしょう。

キリスト教の支配力、その振り子運動とロマン主義的恋愛

あまりに大雑把な見方なので、教科書には載っていないのですが、キリスト教という観点で見ると、ヨーロッパの文化史は振り子のように、キリスト教側に傾いたり、そこから離れたり、ということを繰り返しています。

詳しく言うと、こうです。

中世にはキリスト教的な世界観がヨーロッパに広まります。しかし、中世以降16世紀にルネッサンスが現れ、人間解放、ということで、キリスト教的な禁欲主義が少し緩みます。

その後17世紀には、その反動でまた宗教の時代、理性の時代がやってきます。もう一度理性でがっちりコントロール、ルネッサンスで緩んだ手綱を引き締めます。

これが18世紀啓蒙の時代には、リベルタン（わかりやすく言えば、サド侯爵などの変態行為万歳の世界です）などが登場し、また振り子は逆の方に振れていきます。

それは、宗教の暗黒、十字軍やら魔女狩りやらのキリスト教の黒歴史から離れ、全てを理性の光で照らそうという時代、宗教から距離をとった、啓蒙の時代でもありました。

その反動でまた19世紀には、キリスト教の方に舞い戻り、理性の光溢れる世界に異議申し立てがなされます。すなわち、宗教的なモラルや神秘主義的な価値観が強くなっていきます。ここらでロマン主義的な恋愛ができあがります。

そして20世紀に入ると、もっとキリスト教から距離をとった資本主義的な価値観が影響力を及ぼし、キリスト教的な価値観は世俗的な物質主義に押し流されていきます。それが極点まで行くと、今度は原理主義的な反動が生まれ、キリスト教回帰の流れが出てきます。

そんなふうに、ゴリゴリの信仰に固まったキリスト者から、キリスト信仰をバカにする無神論者の間を、ヨーロッパは歴史を通じてほぼ1世紀ごとに行ったり来たりしているわけです。まあもちろん、いくらでも例外は出てきますが、こうしたイメージは、割と全体の理解の役に立つこともあります。

そして恋愛のイメージ、さらには恋愛という制度も、このキリスト教の影響力の振り子運動と並行して、歴史の中で変化していきます。

ヨーロッパの恋愛制度は、傾向として第3章で見たキリスト教的な恋愛観、そして第4章で見た中世宮廷恋愛を土台にしています。しかしながら、恋愛の表現のされ方を見ていくと、ルネッサンスや啓蒙の時代を経て、多少、性に対する抑圧のタガが外れていきます。

19世紀になると、宗教的、神秘主義的な方向に進み、恋愛という宗教が完成するのですが、キリスト教的なバリバリの禁欲主義とはちょっと趣が変わり、情熱恋愛万歳、感性の世界万歳、肉感的な世界もＯＫというニュアンスが付け加わります。

ロマンティックラブ＝恋愛至上主義の成立

中世以来、恋愛には宗教性が与えられてきました。第４章で見たように、中世宮廷恋愛でも恋人は神様の立場に置かれます。恋人は私たちを天国に招き入れ、かつ地獄に突き落とす、絶対的な力をもった存在です。

しかしながら、中世ではキリスト教の権威は絶対的でした。そして神の世界と世俗の世界の分離もしっかりしていました。神に対する愛の方がはるかに重要で、人間同士の愛は、まあ、どうでもいい、みたいなところがありました。

確かに、恋人をマリア様のように崇拝したりすることはありましたが、結局のところそうした恋人に対する愛は、世俗の話だったのです。

そして中世宮廷恋愛と同様、ロマン主義的恋愛観はアンチ結婚です。

しかし中世の時代は封建制度がガッチリしていて、それは揺らぎようがなかったし、神が与えた「王様—貴族—平民」という秩序を壊そう、という発想そのものがありませんでした。従って、恋愛が、結婚制度の外で、倫理の外で行われようが、全体の秩序は揺るぎません。恋愛は、言ってみれば、サッカーでいうオフサイドのようなもので、ちょっとした反則、うっかりミスのような「軽さ」があったのです。

しかしロマン主義にあっては、そうした社会秩序自体がひっくり返ります。すると、恋愛に対する比重、人生における重要性がぐっと上がります。

また、中世の宮廷恋愛では、恋愛といえども理性的であるべき、と言われていました。しかしながら、19世紀のロマン主義の出現とともに、恋愛が理性の側から狂気の、情熱恋愛の方にシフトします。そのような経緯から、恋愛に情熱的で狂気に陥るくらいのすごい価値が付与されて、恋愛至上主義が生まれていきます。

これはなかなか衝撃的なヴィジョンでした。以前は神様がもっていた絶対的権威、キリスト教ががっちりもっていて手放さなかった権威が、少しずつ世俗の恋愛の世界へと滑り込んでいくのです。

ロマン主義的恋愛とは、秩序があった世界がひっくり返って、恋人が世界の中心になる出来事です。いやもっと言って、世界が恋人だけになることです。こうして狂気に近い、神秘主義的なロマン主義的恋愛観ができあがります。あるいは恋愛という宗教がロマン主義とともに完成した、と言っていいかもしれません。

ユーゴーの愛の定義

フランスロマン主義のラスボスのような存在、『レ・ミゼラブル』の作者ユーゴーの有名な愛の定義を見てみましょう。愛とは何か、愛の定義についてのユーゴーのこんなセリフが有名です。

　全世界がたった一人の存在に収斂し、そして一人の存在が神の領域まで拡張する。それこそが愛だ。(5)

平たく言えば、「僕の世界は君しかいない」「君がいない世界なんて考えられない」「君は神のように美しい、いや神そのものだ」「君が僕の全世界だ、君がいなくなれば僕は死ぬ」

「君が僕を助けてくれたんだ、僕は君のことを死ぬまで崇拝し続ける」などなど、いくらでもここからヴァリエーションが作れます。

これが「全世界がたった一人の存在に収斂し、一人の存在が神の領域まで拡張する」ということの意味です。これは我々がよく知る、恋愛物語の中の、恋の告白のセリフになっていくわけです。

これは中世にあっては不遜極まりない発言でした。神の神聖な領域と世俗の人間間の恋愛を混同する、間違ったヴィジョンでした。しかし革命を経て、この混同が、今度は流行の、さらには「普通」の考え方になっていきます。これは恋愛を絶対領域とする思想で、恋愛絶対主義、恋愛至上主義以外の何ものでもありません。

次に、この18世紀から19世紀にかけてヨーロッパを席巻し、世界に輸出されまくった、この恋愛至上主義＝ロマン主義的な恋愛の基本的な性質を見ていきましょう。

ロマン主義の諸性質をいろいろと挙げることは可能ですが、ここでは「愛」という絶対領域、個人主義、崇高と無限、世紀病という4点を取り上げます。

5　ユーゴー、『レ・ミゼラブル3』、豊島与志雄訳、岩波文庫、１９８７、p. 346

ロマンティックラブの諸性質1――「愛」という絶対領域

ロマン主義の恋愛は、基本的には精神的な恋愛ですが、同時に肉欲、性欲が爆発して、恋人は破滅することが多い。シェイクスピアの『ロミオとジュリエット』が一つのモデルで、ロマン主義の恋愛にあって、恋人は比較的短期間で恋に落ち、そして死にます。長続きする恋愛もありますが、それは長期の片思い、あるいは、長期の遠距離恋愛によるものであることが多いです。

本質的には、ロミオとジュリエットのように、とても激しい、狂気の愛なので、せいぜいのところもって2週間。しかしながらその2週間の中では、感情的な緊張が極点に達し、片思い、ストーカーから、罪人になってしまうほどの狂気の恋、そのようなイメージでちょうどいいかもしれません。

その中で女性は、しばしば一つの謎として現れます。やはりユーゴーのテクストを見てみましょう。ここでは女性という謎について、光や、星といったイメージで語られています。

君（恋する男性）は二つの理由で星を見ている。一つは星が煌びやかで、一つは星の中には入り込めないからだ。君は、最も優しい輝き、最も偉大な神秘を目の前にしている。

それは女性なのだ。(6)

こういったテクストは、若者にとってのロマンティックな紋切り型のシーン、恋人が二人で空を見上げて、「星が綺麗だねー」「ええ、綺麗ねー」「でも君の方がもっと綺麗だよ」などという歯の浮くようなセリフの原型になっているものです。

いくらでも変化形が考えられますが、恋人を光り輝く星や太陽に喩えるのは、非常にありふれたロマンティックな心情ですね。たとえどんなに使い古された表現であれ、こうしたロマンティックな心情は、やはり一人の存在が宇宙そのものまで拡張し、その人に対する絶対的な愛が発生している、そうした出来事を表象しています。

そして、そこにはある種の神秘があります。神秘とは、魅力的でものすごく惹かれ、知りたくなるけれど、結局のところそこに何が隠されているのかわからない、ということです。意中の女性がそうした神秘的な雰囲気を帯びて、神的な存在に祭り上げられます。

そんな恋愛にあっては、愛は宗教化し、そこに恋人は救済を見てしまいます。

愛とは、星々に対する天使達の挨拶なのである。(7)

「天使の挨拶」とは、これはキリスト教の決まり文句で、「アヴェ・マリア」のことを指します。アヴェ・マリアとは「こんにちは、マリア」の意味で、聖母マリアのための祈祷の言葉です。『新約聖書』の「ルカによる福音書」では、天使ガブリエルがマリアに受胎告知の挨拶をします。

天使（ガブリエル）は、マリアのところに来て言った。「おめでとう、恵まれた方。主があなたと共におられます」。マリアはこの言葉に戸惑い、いったいこの挨拶は何のことかと考え込んだ。すると、天使が言った。「マリア、恐れることはない。あなたは神から恵みをいただいているのです。あなたは身ごもって男の子を産むが、その子をイエスと名付けなさい」(8)

このシーン、イエスの処女懐胎を天使ガブリエルが告知するシーンですね。教会ではこのシーンを、聖母マリアのための祈祷に使うわけです。

中世宮廷恋愛では、恋人が聖母マリア信仰とパラレルに語られることを見ました。こうしたキリスト教的ヴィジョンは、ロマン主義の恋愛観の中でさらに強く出てくることになります。ユーゴーにあっては、恋人という「星」に「天使が挨拶」するのです。恋愛とキリスト教がオーバーラップし、恋愛には救済の次元がしっかりと付与されることになります。

こうして愛という絶対領域が確立します。するとユーゴーは、愛のない人生を「魂の窒息」と形容し、恋愛のない人生＝意味のない人生、というレッテルを貼ることになります。

私たちが誰であれ、その人の前で息がつけるような人たちがいるのだ。もしそんな人たちがいなくなったら、空気が不足し、我々は窒息してしまう。その時我々は死んでいるのだ。愛が欠如することで死ぬ、なんと恐ろしいことか。魂の窒息！(9)

このように恋愛＝救済であり、愛を求めることは人生の至上命題である、人生の意味は、究極的には恋愛が与えてくる、という恋愛の絶対化がなされます。

ここでのユーゴーのロジックは非常に巧妙です。確かに私たちは全員、その人の前にいると安心する、という存在がいるでしょう。それは母親や父親、信頼できる友人や恋人であるかもしれません。

　そうした普遍的な事実から、ユーゴーは一気に愛の話をもち出します。つまり、そこにあるのは愛情であり、それが親子愛であろうが、友愛であろうが、ともかくそれは愛であり、最終的には恋人が与えてくれるものである、という確信です。

　こうしたロジック、ある意味では飛躍なのですが、こうした言い方の中で、愛という絶対領域、恋愛至上主義が確立していきます。

　ここではユーゴーの例を見ましたが、他のロマン主義の作家も、様々なニュアンスの違いはあれど、かなり似たり寄ったりです。これはロマン主義がヨーロッパで確立したロジックであり、伝統であり、制度でもあるからでしょう。

　この恋愛という文化制度、あるいは文化的な束縛は、そう簡単に揺らぐものではないのです。

6　前掲書、p. 349
7　前掲書、p. 346
8　『新約聖書』「ルカによる福音書」第１章27－30節
9　ユーゴー、『レ・ミゼラブル３』、豊島与志雄訳、岩波文庫、１９８７、p. 349

ロマンティックラブの諸性質2——「私」という絶対領域、革命と個人主義の発達

繰り返しになりますが、重要な論点なので、少し言葉を変えておさらいしておきましょう。

恋愛という制度は、個人主義というものと非常に分かち難く結びついています。時は19世紀、革命の時期ですが、この時にヨーロッパの個人主義が確立し、それが現代でも続いている、という見方があります[10]。

革命以前の封建社会では、職業の選択権がない、すなわち人生の選択権がありませんでした。自分で何かを考え、自分で人生を切り開く、ということはしなくて良かったし、そういうことをすると逆に疎まれたりしたのです。結婚も同様で、家柄がつり合うところで、周囲の反対がないところで縁組が成されるのが当たり前でした。

ところが革命以降、人は、自分の人生を自分で決めなくてはならなくなります。結婚相手も自分で決めなくてはならない。その際、恋愛、というのが決定的に重要になるのは先に見た通りです。自分はどのような人生を歩むのか？　自分が選んだこの人を愛することが私の人生だ、という話になっていきます。

このように、個人主義と革命と恋愛は切っても切れない関係があるのです。

個人主義の時代に、恋愛は決定的な価値をもたされます。そしてこの恋愛という制度は、

ロマン主義的な恋愛観によって、特別な意味をもたされ、ある意味で神聖化され、宗教化していくのも、先に見た通りです。

この点について、ドイツロマン主義の旗手の一人、ノヴァーリスのテクストを引用してみましょう。まずノヴァーリスは、自分の世界、私の世界の重要性をこう述べます。

私たちの真実は私たちが自分たちの中にもち歩いている。どうやって、自分の中にその萌芽がないようなものに興味をもてるのだろうか。人が理解するように、と私に要求するものは、私の中で生まれ、育たなければならないのだ。ちょうど有機体のように。そして私が理解したように思えること、それはこの有機体にとって養分であり、刺激でしかないのだ。

私たちは宇宙を旅することを夢見ている。しかし、宇宙とは私たちの魂の中にあるものではないか？　神秘に通ずる道筋は、私たちの中にあるのだ。永遠やその世界、過去や未来を私たちの中に探すべきであり、決して他の場所ではない。外の世界は影の世界である。外の世界は光の王国に影を投げかけているだけなのだ。今では確かに、我々の内面は我々にとって暗く、孤独で、曖昧なように見えるだろう。しかし、闇が消え、日食が終わった時には、どれほどすべては変わっていることか。[11]

19世紀になると、ヨーロッパでは封建制が崩れていきます。すなわち、社会の規範に合わせ、王や貴族に従って生きる時代は終わり、自分で考え、自分で人生を切り開く時代がやってきます。その中で「私」というものが非常に重要になります。私の思考、私の夢、私の幻想、私のヴィジョン、それが最も重要で、それこそが宇宙そのものである、と「私」の絶対化が起こります。

今までは社会に合わせてやってきた、しかしこれからは違う、「私」が大事なのだ、もっと言って「私」が「真理」なのだ、と話がエスカレートしていきます。「私たちの真実は私たちが自分の中に持ち歩いている」というのは、そうした文脈の中で理解すべきでしょう。するとここではある種の価値転換が起きています。

一般的には、社会が用意するような現実、それは個人の幻想より大事である、というのが常識です。いつの時代でも人間は、子供の時は自分の幻想と社会の現実との落差に気づいていませんが、大人になるにつれてその差を理解し、社会に適応していくことを学びます。

ところがロマン主義は、そのような学習のあり方に異を唱えます。もし、適応すべき社会がロクでもないものだったら。もし社会が用意した権威が、ひどく矛盾に満ちていて、捨て去るべきものだったら。

確かに封建制も末期になると、社会はひどく抑圧的で暴力的になってしまいました。当然、社会自体を変えなければいけないこともある。人間の解放やら真の自由は夢物語かもしれないけれど、そこを目指さなければいけない場合もある。そして、頑張ればなんとかなることもある。実際、革命がそれをある種立証した形になりました。

すると、社会の与える現実から離れ、自分の中の幻想や神秘こそ大事である、という考え方が強くなっていきます。

実際にこのテクストでも、ノヴァーリスは、「自分の中の神秘」を強調しています。「私」の中の「私」の神秘、我々の内面にある神秘、それこそが価値のあるものだ、と多くのロマン主義の作家たちは繰り返します。そしてこの神秘の最たるものは、やはり「恋愛」、ということになります。

10 François Singly, L'individualisme est un humanisme, Editions de l'aube, 2005
11 Novalis, Novalis Schriften. Hrsg. von Paul Kluckhohn und Richard Samuelm unter Mitarbeit von Heiz Ritter und Gerhard Schulz. Stuttgart, 1977–1988, II, p. 545

イデア論の伝統

この際、実際の現実は「影」でしかなく、それを照らす光の世界を目指さなければならない、と引用後半にあります。

こうしたイメージは、間違いなくプラトニズム、プラトンのイデア論に強く影響を受けています。ほとんどイデア論そのものである、と言ってもいいかもしれません。

第1章で見たプラトンのイデア論では、現実をはるかに超える、天空の真なる現実、真なる美が語られていました。

有名な洞窟の比喩があります。我々は皆あまり光のささない洞窟の中に鎖でつながれている。そして洞窟から出ようともしない。我々が見ているもの、我々にとっての現実とは、洞窟の壁に映った影でしかない。しかしながら本当の現実は、洞窟の外の光溢れる世界にある。それこそがイデアの世界である、ということですね。

プラトンにあって、普通人が言う「現実」とは、そうした光の世界が作り出した影の世界に他ならないのです。こうした用語法、伝統的な思考法に、ノヴァーリスは従っているわけです。

ノヴァーリスは自らの考えを「魔術的観念論」と言っていますが、まさにこの「観念論」はヨーロッパの言葉ではイデアリズム、すなわちイデア論の伝統を受け継いでいる言葉なのです。(12)

12　19世紀にはイデアリズムは「観念論」と訳されますが、このイデアリズムには、プラトン以来のイデア論的な意味と、同時に理想（アイディール、イデアル）という意味もあるので、「理想主義」とも訳されます。いずれにせよ、似たようなもので、理想の、混じり気のない、物質的世界を超えたイデアの、概念的で抽象的な世界が問題になっています。

日本人には縁遠い過激な個人主義

こうしたイデア論は、「私」の世界の称揚、すなわち個人主義の世界観と表裏一体です。

ヨーロッパ流の過激な個人主義は、日本人には縁遠いものです。日本で育つと非常に強い同調圧力の下、自分の考えを殺して周囲に合わせることが、生きていく際に最も必要とされます。いわゆる空気を読む、というコミュニケーションスタイルですが、これはヨーロッパの個人主義と相対立します。その意味では、日本には個人主義など確かに存在しようがありません。

やはり最も大きな違いは、よく言われることですが、ヨーロッパは自分で革命を起こした下からの革命であるのに対し、日本の場合は上からの革命、市民の元に強制的に平等がやってきた、ということです。

よく日本に個人主義はない、と欧米人は嘆くわけですが、確かに近代国家の基礎たる個人主義の思想は日本にはなかったし、これからも根付かないでしょう。

だからこそ「私が真理だ」とか、ましてや「私が真理の基準だ」などという傲慢な言説は日本では受け入れられないし、よく理解されません。

しかしながら、これこそが欧米流の考え方の主流になり（もちろん「私」自身が自分の欲望に流されるだけではなく、理性的に倫理的にものを考えられる、という条件付きですが）、かつ恋愛という制度と強く結びついているのです。

『青い花』

ノヴァーリスの代表作『青い花』には、失われたアトランティス大陸での架空の恋物語が描かれます。そこでは中世宮廷恋愛のように、身分違いの恋愛が問題になっています。

それは、王女と森の片隅に住む怪しげな物知りおじさんの息子との恋愛です。息子は詩人であり、王女はリュートの名手です。

その息子と王女が恋仲になる場面を引用してみましょう。

王女は…老人と自分の足下に腰をおろしている息子に、この世のものとも思えない美しい声で、リュートにあわせて魅力溢れる歌をうたって聞かせ、さらに息子には、この愛らしい芸術の手ほどきをしました。そのお返しに、息子の感激した口もとから、いたるところに満ち溢れた自然の神秘が解き明かされるのでした。世界が不思議な共感によって生成されたこと、また星々が豊かな調べの踊りの輪に加わるため、勢揃いしたことなどが語られ、青年の語る神聖な物語によって、太古の歴史が王女の心の中で、扉を開いたのでした。

ある日、ふたりだけのとき、青年の気持ちがいつになく高揚して大胆だったのと、帰り道のこととて、王女の方も強い愛情が常になく乙女らしい慎みに克ったのとで、どちらからともなく、思わず知らず相手の腕に身を投げかけて、初めての熱い口づけが、ふたりを永遠にとけあわせたのでした。(13)

ノヴァーリスにおいては、前の引用にあったように、真理は「私」の中にあり、そこにこそ世界の、宇宙の神秘があります。

青年は自然について、星々について、宇宙全体について語ります。それは世界の始まりから、その歴史を語り紡ぐ詩でした。そうした宇宙語り、「私」の神秘、そこに王女の音楽が重ね合わされます。

そこにあるのは、神聖なコミュニケーション、精神的かつ官能的な、イデアルなコミュニケーションです。そこから恋愛が生まれるのです。

あるいは恋愛とは、そうした宇宙の神聖化、太古の歴史との呼応の中で生まれる芸術的、神秘的でイデアルなヴィジョンである、と言ってもいいかもしれません。

テクストはこう続いていきます。

折しも日が暮れかかり、はげしい嵐が木々のこずえを不意に揺さぶり出したかとみると、ものすごい雨雲が、深まりゆく夜の闇とともに、威嚇するごとくふたりの頭上にかかってきました。青年は恐ろしい風雨と、折れて倒れかかる木々から、王女を避難させようと急ぐのですが、暗闇で愛する人を気づかうあまり、行く手を見失い、ますます森の奥へと迷い込み、方向を失ったことに気づくと、青年の不安はつのっていきました。王女の方は、父王と宮廷の人々の驚くさまを想像すると、あたるものを焼き尽くす稲妻のように、名状しがたい不安がさっと心中をよぎりました。…慰めてくれる恋人の声だけが、勇気と信頼を奮い起こさせ、うちひしがれた胸を和らげてくれるのでした。…すぐ近くの…洞窟が見つかったのでした。…これでやっと風雨の危険を避け、疲れ切った体を休められそうです。…愛し合うものたちは、こうして不思議な成り行きで、世間からすっかり隔離され、嵐の危険からもまぬがれて、ふたりだけで心地よい暖かいしとねに寄りそって休みました。(14)

「世間からすっかり隔離され」という書き方には、個人主義的なヴィジョンがはっきりと表れています。すなわち、革命以前の封建体制、結婚相手の選択権がない時代、周囲の視線の圧力、社会的な秩序が押し付ける慣習、そうしたものから個人は解放されるべきである、というヴィジョンです。

こうした自由のヴィジョン、個人主義のヴィジョン、それは同時に恋愛の世界です。世間から隔絶した二人だけの世界、そこで私は自分自身の世界の神秘を味わい尽くすことになります。

そして、世界の神秘を最もよく感じさせてくれるのは、荒々しい自然です。海、風、嵐、広大な森、そういった無限を感じさせる圧倒的な自然現象の背後に、神秘を見て、それが恋愛の神秘とパラレルに語られるのです。

ノヴァーリスを例に見ましたが、こうした、「私」の世界の絶対化、「私」の幻想の称揚、革命後の個人主義的ヴィジョンは、ロマン主義的な恋愛観の特徴の一つと言って良いでしょう。「私」の中にこそ真理がある、というのがロマン主義の主張です。

13　ノヴァーリス、『青い花』、青山隆夫訳、岩波文庫、1989、p.60–61
14　前掲書、p.61

ロマンティックラブの諸性質3——崇高と無限、永遠の彼方に

ノヴァーリスの引用にすでに表れていましたが、ロマン主義的な恋愛観の一つの特徴として「崇高」「無限」「永遠」の世界と恋愛が結びつく、ということがあります。

ノヴァーリス自身の有名なロマン主義の定義は、「卑俗なものに高邁なる意味を、平凡なものに神秘的な装いを、既知のものに未知なるものの威厳を、有限のものに無限である外見を与えるならば、私はそれをロマン化することになる」というものですが、ここでは、ロマ

ン主義の開祖の一人とされる、ルソーの言葉を引いてみましょう。
1762年1月26日に書かれたマルゼルブへの手紙で、彼はこんなことを言っています。

私は推論することも、哲学することもしません。…（広大無辺な広がりの中の）偉大な諸観念に恍惚と身を委ねていました。…私は宇宙の中で息苦しい思いをし、無限へと翔け上っていきたい気持ちでした。…私の精神は高まりゆく恍惚境に入り込んでいきました。(15)

ルソー自身はロマン主義の作家、哲学者と数えられるのではなく、むしろ啓蒙主義的な作家、哲学者とされたりもするのですが、『告白』における、「私」の内面の描写、『新エロイーズ』における新たな恋愛の描写、全ての作品に溢れる自由への希求などから、ロマン主義の祖とされることが多い作家です。
そしてここでルソーは、理性的な推論、哲学の世界を超え、感性の世界に飛んで行きます。ただ、ここで日本人にとって非常にわかりにくいのは、「偉大な諸観念」に身を委ねる、という感覚です。自然の中に身を委ねる、というのならば感覚的にわかる人が多いかもしれません。広大な夜の海を前にして、あるいは星の瞬く大空の中に溶け去って、恍惚感を感じる、というのは、比較的わかりやすい話でしょう。

しかしながらヨーロッパのイデア論の伝統では、その自然を前にして、もう一つ仲介が入ります。それが「偉大な諸観念」ということです。

これはプラトンのイデア論に端を発する考え方で、ここでいう偉大な諸観念とは、無限、統一性、完璧な真、善、美という概念です。日本人には非常にわかりにくいのですが、ヨーロッパではそうした諸観念を前にした恍惚の感覚、というのが一つの伝統になっています。高まりゆく精神の恍惚境、そこは概念の世界であります。

ただ、プラトンはそこで理屈をこねて哲学をし、また理性主義の伝統もそうなのですが、ロマン主義はその概念の世界での自分の感覚を重要視します。

こういうと、日本人にとっては理性の世界なのか、感性の世界なのか、意味がわからない、という話になりがちですが、正確に言えば、概念の世界、理性の世界と密接に結びついた感性の世界です。

15　ジャン・ジャック・ルソー、『ルソー全集2』、佐々木康之訳、白水社、1981、p.480

崇高――精神世界の中で最も価値があるものに対する感情

こうした諸観念、それに対する驚き、恍惚の念、それをイギリスのロマン派批評家の師であり、政治哲学者のエドマンド・バーグはこのように論じています。

自然の中で偉大なるもの、崇高なものが最も激しく活動し、それによってかきたてられた情熱とは、驚嘆の念であり、驚嘆とは、ある恐れの感情によって全ての魂の動きが宙吊りにされている、そんな魂の状態なのだ。その時、精神はその対象でいっぱいになり、他のものが目に入らず、従って、精神を占拠している対象について推論することもできない。そこから、崇高の偉大なる力がやってくるのである。それは我々の理屈から生じるものでは決してなく、我々の理屈を先取りし、逆らいがたい力によって我々を連れ去るものなのだ。驚嘆とは、先にも言ったが、崇高なものが最も高いレベルで力を発揮した時に魂に与える効果であり、感嘆や、尊敬、敬意、というのは、より低いレベルの崇高なるものが魂に与える効果であるのだ。[16]

実はバーグ自身は、崇高と恋愛は別のものと考えていたのですが、こうした崇高の考え方自体は、ロマン主義の作家、批評家に受け継がれていきます。

先のノヴァーリスの引用では、偉大なる自然活動が、恋愛場面の背景になっていました。そこにはまさに崇高なるものが宿っている、とロマン主義の作家は考えました。

崇高とは、魂の一つの状態で、理屈を超えた、圧倒的なものに対する感情です。崇高とは、魂の、精神世界の中で、最も価値があるものに対する感情、あるいは精神の価値そのものを生産する何かです。

この崇高の世界は、古代ギリシャで言えばイデアの精神世界に近いものになり、ロマン主義の世界観にあっては、最高の理想です。作家によっていろいろとヴァリエーションはあるのですが、特に自然の表象と結びつき、独特の意味が付与されています。

そして、この崇高なるものが恋愛と結びつき、多様なイメージが生まれ、「ロマンティック」ができあがります。この章の冒頭で見た、日本人の学生が今持っているロマンティックのイメージに、接続されていくことになります。

16　エドマンド・バーグ、『崇高と美の観念の起源』、中野好之訳、みすず書房、１９９９、p.62

ロマンティックラブの諸性質4――夢見るヘタレ、恋愛系引きこもり、世紀病

最後にこの崇高の感情、無限の与える感覚と対になるものとして、「世紀病」というものを見てみましょう。

世紀病とは、一言で言うと、単なる憂鬱な気分のことですが、ロマン主義者たちにかなりの程度共有された感覚で、ロマン主義的な考え方の一つの特徴です。

平たく言えば、ロマン主義は、とんでもない理想の世界、イデアの世界に憧れます。いわゆる「中二病」もびっくりの、激しい理想主義です。当然、それだけ激しい理想を胸に抱けば、現実は絶えざる幻滅の世界ということになります。ここでロマン主義者は憂鬱になるのですね。これが世紀病です。

言ってみれば、自分で理想を立ち上げたはいいけれど、現実の中ではその実現は難しいので、幻滅の連続となりヘソを曲げている、と思っておけば外れてはいません。

現代日本語に翻訳するなら、夢見るヘタレ、恋愛系引きこもり、とでも言いたいところです。

ただその理想のあり方、夢想の肯定の凄まじさは、なかなか日本人には理解し難いところがあります。しかもそれを自己正当化するので、ある意味で手に負えないところがあります。

イタリアのロマン主義作家、レオパルディの言を見てみましょう。

メランコリー（憂鬱）とは、人間の感情の中で最も崇高な感情である。…この感情は、我々が、地上の財産、いわば地上の全てに満足することを不可能にしてしまう。計り知れない空間的な広がり、世界の数、驚くべき世界の偉大さ、そうしたもの全ては、我々の魂の能力に比べれば、小さいものである。世界の無限の数、終わりのない宇宙を想像すること、宇宙よりも私たちの精神、私たちの欲望が大きいものであることを見ること、全てのものの虚無や不十分さを主張し、欲望とその禁止に苦しむこと、そしてその結果起こるメランコリーに苦しむこと。これこそが人間の精神の偉大さ、高貴さの最も明らかな証拠であるように思えるのだ。(17)

ないものねだりの欲望を全肯定し、挙げ句の果てにはそれを「崇高」なものとして、そこに最大の価値と人間の尊厳を見る。これはニーチェが指摘するように、ある種の転倒なのですが、ヨーロッパの思考の伝統である、イデア論の中にはそういった側面が常にあります。現実の中では、思い通りにいかない。そこで本当の美、真実を人間の手の届かない彼方に設定し、それこそが生きる価値である、とする。これは、理想よりも現実が大事、この世界でいかに生きていくのかが大事、という通常の現実主義の論理と真っ向から対立します。

従来のイデア論では、これが理性の名の下に行われていました。現実は矛盾に満ちているので、理性の力で現実を、社会を良くしていこう、というわけです。

これはまだわかりやすい理論です。その延長で、理想の世界を、真、善、美などと言って理想化し、イデアの世界を立ち上げる。まあ、ここまではまだいいでしょう。

17　Leopaldie, Oeuvres complètes, Garnier Frammarion, 2001, p.29

暴走するロマン主義

しかしながら、これがロマン主義になると、理性では計り知れない幻想の世界、欲望の世界すらも肯定の対象となります。そして、「崇高」「無限」「神秘」の名の下、自らの欲望によってさらに膨れ上がった「本当の美」「本当に善きもの」「真実」なるものを、追い求めていきます。

イデア論はしばしば理想主義、と訳されますが、ロマン主義に至ってイデア論はかなりぶっ飛んだ理想の世界に行ってしまいます。当然、そうしたないものねだりの欲望を全肯定してしまうと、必然的に現在の状態には満足できずに、メランコリーに陥ります。

これは、激しい幻想と自分自身の真理を主張したロマン主義者の、ある種の必然的な帰結であり、これが世紀病と呼ばれるようになります。そしてレオパルディなんかは、この状態すら全肯定、という意気込みなわけです。

現代日本でも、例えばこんな言説が溢れています。

僕は世界で一番の起業家になる、格闘家になる、サッカー選手になる、なんでもいいですが、それを信じ続けた人だけが、成功者になる、といった言説です。イチローも本田圭佑も孫正義もホリエモンも、似たようなことを言ってますね。実際、中年になっても中二病を患い続け、夢をもち続け、突き進んでいるのが、いわゆる成功者である、とビジネス書などに書かれているのをよく見かけます。

実際にそうなのでしょうが、ロマン主義は、ある意味ではそうした態度とよく似ています。ただ違うのは、それがヨーロッパ伝統のイデア論と相まって、恋愛に絶対の価値を置きつつ暴走した、ということです。挙げ句の果てに、自己肯定を始めて、さらにはそれが恋愛の慣習、制度として定着してしまった、と。そのようなものがロマン主義であり、こうした理想主義が19世紀ヨーロッパで受け入れられ、称揚され、一大ブームになるわけですね。

ロマン主義的恋愛の具体例——ユーゴーの「森にて」

以上の点を踏まえ、ロマン主義的恋愛の具体例として、ユーゴーの「森にて」[18]という詩を見てみましょう。

森にて

彼女と僕は、この魅惑的な4月に、
光り輝きつつ始まった恋の中にいた
ああ、思い出よ、時よ、消え去った時間
私たちは、見知らぬ恍惚で胸をいっぱいにして
手と手をとって、森の中を一緒に歩いていた。

第一連でユーゴーは恋の思い出を語ります。美しい春に、神秘的な恋愛の世界に、自分はアクセスしてしまった気になったわけですね。しかしながらそれはもう消えてしまった。そ

んな理想の世界にずっと留まることはできずに、通常の現実界に落ちてきてしまった。ここにはある種のメランコリーな気分、世紀病的な雰囲気が見て取れます。

小道に入るために、通りを離れ、
草原の中を歩くために、小道を離れ、
天空は彼女の至高の視線の中で輝き、
彼女は言う、あなたを愛していると、そして私は神になったかのように感じる。

通りを離れ、小道を離れ、森の中に入っていく恋人たち、ここにはロマン主義的な個人主義のヴィジョンが見て取れます。

社会から背を向け、たった二人だけの世界の神秘的なコミュニケーションの中に入っていく。その神秘の中では、まさに自分自身の「私」の真なる世界が花開きます。

自分自身が神になったかのように、すなわち、自分が完璧に真、善、美のイデアを把握し、その神秘を理解し、所有している。そのように「私」の世界が絶対的な世界になる。そこでやはり、絶対的な恋愛、精神的でイデアルな世界が展開するのです。

こうした恋愛の絶対化、私の絶対化は、日本人にはなかなかわからないところがあります。

しばしば、泉のそばで、私たちはちょっと腰をおろした。
何度僕は、木の枝に彼女の喉を見せたことだろう、
大理石のニンフにもにた赤みがかった喉元を
君はミルクのように白い裸足で泉の中に入り、
そして僕らは夢見る人になった。まるで
僕らの周りにヒナギクや、キンポウゲ、ツルニチニチソウがひっそりとあって、
混じり気のない水のかかった、ヒルガオを見ながら、
これらの花々が、僕らが歩きながら、
僕の口元から君の口元までに落とされた、
全てのキスのようだった。

そしてこの精神的、絶対的な恋愛の世界では、同時に欲望の世界が展開されます。これは下卑た言い方をすれば、人目を避けて、森の中で恋人たちがイチャイチャしている、という

だけの話です。
しかしながら、そこには、恋愛の絶対化、宗教化というのがあって、恋人はニンフになり、大理石の彫像になり、まさに夢見る人＝恋人という定式ができあがります。
これは日本語の文脈では、ただ舞い上がってるだけ、という話になり、否定的なニュアンスが付されたりしますが、ロマン主義はそれをまさに絶対的な価値だ、とみなすわけですね。すると、ただのキスも、道すがらの花と同じような存在になっていきます。この夢の恋愛の世界では、世界全てが変容し、全てが官能的な出来事になり、世界が神秘に満ちていきます。

人を寄せ付けない洞窟や、野いちごや、草一本生えていない黒い岩が、
羨ましがって、こう囁くのだ。今夜彼女は何を言うだろう。
貞淑な目をした狩猟の女神ディアナ、アルテミスは。
ふみ荒らされた森の奥で、草を見ながら、この星をちりばめた女神は。

ローマの神、狩猟の神アルテミスが言及されます。キリスト教のヴィジョンと、ローマ神

話のヴィジョンが入り乱れます。精神性と肉体性が入り乱れ、めくるめく恋愛の世界が展開します。ここにロマン主義的な恋愛観ができあがるのです。

そして第一連に戻ってみると、「ああ思い出よ、時よ、過ぎ去った時間よ」と言っているので、こうした理想は実現したかに見えたのですが、ふと気づくと、こうした理想の世界から自分は堕ちてしまい、ある種の憂鬱な気分の中に浸りつつ、理想の世界を懐かしく思っている、といった感があります。

ユーゴーの場合は、典型的な世紀病からちょっと離れているところはあるのですが、やはりこうした構図にも、ある種の憂鬱さが入り込む余地は十分にあるのですね。

ロマン主義とは、こうした独特の雰囲気をもった、理想主義であり、そこでは非常に力強い恋愛のヴィジョンが展開していたのです。

18　Victor Hugo, La contemplation, Garnier Flamarion, 2005, p.58

世界化するロマンティックラブ・イデオロギーと、そのジェンダー

こうしたロマン主義は、どのようなジェンダー観を生み出したのでしょうか？

それは、いわゆるロマンティックラブ・イデオロギーと言われるもので、ロマン主義は独

特のやり方で、社会制度の中に取り入れられます。簡単に見ていきましょう。

もともと、ロマン主義というのは、中世宮廷恋愛の流れをくんでアンチ結婚、アンチ社会、の傾向が強く出ていました。

そもそも「無限」とか「崇高」とか意味不明なことを言い出し、社会よりも個人が大事、なんてことを宣言してしまうのですから、それこそ個々人が勝手なことを言い出して、収拾がつかなくなり、現実の社会と折り合いが悪くなります。だからこそヴィジョンが浮世離れして、世紀病が生まれるわけです。

ところが、これがうまいこと、ブルジョワ社会の中に取り入れられてしまったのです。これが、いわゆるロマンティックラブ・イデオロギーというものです。ロマン主義的な恋愛観がその毒を抜かれ、結婚システムの中に統合されていったのです。

もともとキリスト教の愛は、神に対する愛であり、人間同士の恋愛はどうでも良かった、というものです。宗教の神聖な世界と、世俗の世界は別物だったのです。

しかしながら、中世宮廷恋愛からロマン主義的恋愛へと愛の制度が展開していく過程で、結婚、人間同士の恋愛、という世俗の領域に、神聖さ、永遠、崇高、といった宗教的次元が取り入れられていきます。恋愛の宗教化についてはこれまで見てきた通りです。

そして、19世紀も中頃を過ぎると、こうした恋愛のイメージを取り込みつつ、ブルジョワ的な主婦像が次第にできあがってきます。すなわち女性とは、おしとやか、家庭を守る聖母、夫を許し、励まし、子を慈しむ存在である、と。そして、何と言っても純血で、操を守り、生涯一人の男性を愛し続ける。それこそが正しい女性のあり方、さらには理想の家庭である、という話になってきます。

中世宮廷恋愛の伝統は、女性はお姫様、男性は騎士という、ジェンダーのプロトタイプを与えました。そしてお姫様と騎士の恋愛、永遠に続く愛が、もともとは婚外恋愛だったはずなのですが、いつの間にか通常の家庭の結婚生活にまで侵入していきます。

結婚し、家庭を作り　決して浮気しない。お姫様は選ばれし男に尽くされ、金を稼いでもらい、家事をする、男は、女性を守り、永遠に愛し、お姫様のわがままを全て聞き入れ、金を稼ぐ。浮気は肉体の罪であり、精神的な愛である結婚は肉体の罪を超えて、安定した家庭を作るのに役立つことになります。

このようにして、天上の恋愛、崇高な、聖なる宗教的次元にあり、もともと結婚という世俗のシステムの外側で発達していった恋愛制度が、地上の日々の生活、結婚生活の中にまで浸透し、男はこうあるべき、女はこうあるべき、というジェンダーを作り上げることになります。

このようにして、ロマンティッククラブ・イデオロギーが成立するのです。

これは、国によってヴァージョンやニュアンスの違いがあるのですが、イギリス、フランス、ドイツから、アメリカに渡り、広く世界化したイデオロギーとなって、男性と女性のジェンダーをともに規定していったと見ることが可能です。

もちろん日本も例外ではありません。ハリウッド映画やらディズニー映画、ドラマ、演劇、ミュージカルからポップソング、ロックに至るまで、ロマンティッククラブ・イデオロギーはいろいろなところで変奏され、日本に輸入され、再生産されていきました。

このようにして、ロマン主義的な恋愛観は世界化したのだ、と見ることができます。

その影響力は計り知れないほどで、例えばハリウッド映画にせよ、日本の少女マンガにせよ、ロマンティッククラブ・イデオロギーの影響を受けていないものは皆無だ、と言って良いほどです。なぜこれほど世界化してしまったのか、というのは非常に大きな問題で、また場所を変えて論じたいと思います。

ともかく、19世紀ヨーロッパを席巻したロマン主義というのは、世界の恋愛文化に大きな影響を与え、今もって与え続けている、と言って良いでしょう。

だからこそロマンティックラブは、感情を束縛する制度としても機能している、と考えられます。西欧化がかなりの程度完了したこの地球上にあって、個人の解放とともに、自由をスローガンに世界展開したロマンティックラブですが、やはり時が経過するとある種の劣化は免れず、今や硬直化、イデオロギー化して、一つの大きな束縛と化している、ということは否めません。西洋の貴族のような恋愛をして、結婚して、それで一生結ばれる。家庭をもち、良き夫、良き妻として子供を育てる。これは大きな束縛として、自由なはずの恋愛感情に重くのしかかっていくことになります。

この制度は、今まで見てきたように、古代ギリシャ・ローマから、キリスト教、中世宮廷恋愛と、それぞれの時代の恋愛制度が歴史の中で複雑に混交し、発展、進化してきたものです。そしてこれは最終的にイデオロギー化し、グローバル化の波に乗り、いまだに世界中で猛威を振るっています。

第6章　明治期から大正期にかけて

——日本における「恋愛」の輸入

「恋愛」の不完全な輸入

これまで西洋の恋愛文化史を大雑把になぞってきたわけですが、今度は日本の番です。こうした欧米産の恋愛文化が明治維新前後、どっと日本に入ってきます。なんと言っても「恋愛」は明治時代に作られた翻訳語です。

江戸時代には「恋愛」なんて言葉はなかった。あったのは「情」とか「色」、あるいは「色恋」などでした。[1] そしてこれは西欧で言う「love」や「amour」などではない。この西欧的「愛」を指し示す新しい翻訳語を作らなければならない、というわけで「愛恋」などという訳語もあったのですが、最終的に「恋愛」となりました。

「情」とか「色恋」じゃダメなんだ、それでは文明国とは言えない。文明国の「恋愛」っていうのはもっと「崇高なもの」らしいぞ。これを日本人は学ばなければならない。日本文化にこれを導入しなくてはならない。

そんな時代風潮があり、ヨーロッパ産の恋愛文化がどっと日本に輸入され、ヨーロッパの作家を真似た小説が作られ、「大正ロマン」なるものさえできあがりました。

第5章では、「崇高なもの」が、ロマン主義的恋愛の一つの特性であることを見ました。もう一度まとめるとこういうことです。

キリスト教の神、唯一絶対の神が、恋人の存在とオーバーラップする。神のもっている属性、無限なもの、神秘、崇高さが恋人に付与されます。次いで、大自然、宇宙、などが、そうした性質をもつものとして、恋愛の世界を彩ります。そして、そのような神秘、無限、崇高さを感じる「私」の主観的世界、幻想的世界が絶対なものとみなされ、そうした「私」の神秘的なヴィジョンに絶大な価値が与えられます。

イデア論やギリシャ、ローマ神話、キリスト教の神の次元、そんなものが一体となり、革命を経たロマン主義によって、こうした「崇高さ」ができあがります。

この「崇高なもの」ですが、実は当時の日本人にはさっぱりわかりませんでした。それもそのはずです。日本にはイデア論もないし、ギリシャ、ローマ神話で展開されたヴィーナス神話もなければ、キリスト教的な神の愛も、性欲の罪悪視も、聖母マリア信仰も、中世宮廷恋愛も、革命のすったもんだから生まれたロマン主義も個人主義もない。ヨーロッパ特有の崇高さを作っているもの全てがないのです。わかるはずがありません。

ただ、わかったのは、それが仏教や神道が説くような、神聖なものに近いぞ、ということでした。

「ラブ」という宗教みたいなものがどうやらヨーロッパにあるらしい。しかしながらそれは、古事記や日本書紀にあるような、イザナギとイザナミが性的に交わり、日本国を生んだような、そんな聖なる性とは違うらしい。どうやら肉欲を離れた精神的な愛が重要だそうだ。

そう考えて、当時の日本の知識人は頭を抱えたのです。

日本には崇高な恋、精神的な恋、なんてものはない。いつだって性と結びついている。色と恋しかない。こりゃ野蛮だ、こりゃみっともない。

農村じゃどんなことしてるのか？　盆踊りで乱交？　夜這いでできた誰の子かわからん子を村でみんなで育てる？　村にはおばさんが性の指南役としていて、若者の筆下ろしを手伝う習慣がある？[2]　なんて野蛮な。なんて恥ずかしい。これはヨーロッパの人たちにはお見せできない。日本の劣った文化、風習である、と言うようになりました。

こんなヨーロッパ・コンプレックスの裏返しとして、恋愛宗教の信者になったふりをしたのです。わかっちゃいなかった。わかるはずもなかった。ヨーロッパ流の恋なんてできるはずもないのです。

これまで見てきたように、ヨーロッパの恋愛は２０００年以上の時を経て、ヨーロッパの土地で熟成されたものだったからです。

端的に言って、日本文化の中に、西欧風恋愛を完璧に受け入れる土壌はありませんでした。明治期に、日本は大々的に欧米の文化を輸入するのですが、日本の土壌に対応するものがあった場合は比較的容易に吸収し、そうでない場合は日本に定着しなかった、という説があります。

平等の思想は、日本に比較的以前からあったので、定着した。しかしながら、権利、自由といった考え方はいまだもって定着していない、というわけです[3]。

恋愛は、ちょうどこの二つの真ん中ぐらいにあたるでしょうか。肉感的、官能的なものに対応する日本的な性愛はありました。ローマ的な、ある種暴力的な愛も多少はあったかもしれませんが、日本の場合はローマに比べれば、ずっとおとなしいものでしょう。

そこには、独特の洗練された色恋の文化が発達していました。実際、『源氏物語』から江戸時代の遊郭文化に至るまで、世界に誇れる歴史と伝統のある、味わい深い文化があったと言えるでしょう。

しかし、西欧的な精神的恋愛、イデア的な恋愛、超越的な恋愛、個人主義とともに発達、展開してきた恋愛に関しては、ほとんどなかった。あるとしても仏の限りない慈愛、くらいでしょうか。だいぶ趣が違うわけです。

総じて、ヨーロッパとは全く違った文化的土壌、そこから生み出された特有の言語文化をもった日本人は、ヨーロッパの地で熟成された精神的恋愛を、表面的になぞることはできても、本当に理解できるはずはなかったのです。

ヨーロッパの恋愛を輸入した時に何が起こったのか？　それは不完全な輸入であり、今もそれは続いています。具体的にどのように不完全だったのか？　それを考える上では、やはり大正時代の大ベストセラー、厨川白村《くりやがわはくそん》の『近代の恋愛観』を見ないわけにはいかないでしょう。

1　柳父章、『翻訳語成立事情』、岩波新書、1982／佐伯順子、『「色」と「愛」の比較文化史』、岩波書店、1998

2　池田弥三郎、『性の民俗誌』、講談社学術文庫、2003／赤松啓介、『夜這いの民俗学・夜這いの性愛論』、ちくま学芸文庫、2004／下川耿史、『盆踊り　乱交の民俗学』、作品社、2011、等参照

3　大嶋仁、『日本思想を解く　神話的思惟の展開』、北樹出版、1989

『近代の恋愛観』の出版

凄まじい秀才であった厨川は、京都大学の教授として英文学の研究に勤しんでいました。

先に見た性道徳の強いヴィクトリア朝時代から、19世紀末にかけての英文学について講義を行っていたようです。また同時に彼は、後に見るように夏目漱石の弟子でもあり、漱石にもいろいろと議論をふっかけ、論争するという経験もありました。しかし残念ながら、留学体験としては、アメリカに１年ちょっとしかおらず、しかも病気で片足を切断する事態に至ってしまったようです。

概して明治、大正、昭和に至るまで、日本の知識人には、ヨーロッパに学べ、という欧米派と、そんなことよりも日本の伝統万歳なのだ、という日本派の二派があり、対立を繰り返してきたのですが、厨川は前者の代表的存在とみなして良いでしょう。

その彼が大正11（１９２２）年に記したのが、この『近代の恋愛観』で、当時のベストセラーになった、エポックメイキングな書物であったとされています。

この書物は、厨川の息子であり、慶應義塾大学でやはり英文学を教えていた厨川文夫が角川文庫の解説に記しているように、旧思想を打破しようとした、論争的な書物でした。

当時はもちろん、最近に至るまでも封建的な家族制度が憲法によって護持されていた。結婚にも古来一定した方式があり、その方式は個人の尊厳と自由との犠牲において家族制度を擁護するものであった。自我に目覚め、自己の自由と責任とを真に自覚した真摯な男女が、自らの自由意志によって恋愛から結婚の道を歩むという、当然すぎるほど当然なことが、何かしら破廉恥な、良風美俗を損なうような行動であるかのように禁じられていた。[4]

このような文章を、今現在のフランスやドイツからの留学生に読ませると、大体笑いが起こります。なぜなら、彼らはほぼ例外なく、日本社会では、皆自分をもっていないだとか、同調圧力ばかりで、誰も自己の自由と責任など感じていないとか、個人の自由意志を尊重していない、ということに、カルチャーショックを受けているからです。だからこそ「自我に目覚めた」ことを前提として、「自己の自由と責任を真に自覚した真摯な男女」というように、「真」という表現が2回も出てくる、こうした文章の胡散臭さは笑いを誘うものなのです。

とはいえ、これは日本人のヨーロッパ・コンプレックスをよく表しています。日本の和を以て尊しとする「伝統」の中で、意見の対立を恐れるコミュニケーションの型の中で、当然、欧米風の「自己」のあり方など根付くはずもありません。だからこそ、現代でも日本の学生が欧米に留学して、彼らの自我の強さにカルチャーショックを受け続けているわけです。

従って、引用のような文章をもちろん真に受けるわけにはいきませんが、同時に当時の家族制度、封建制に由来する家族制度がどれほど強かったのか、ということを感じるためには、とても良いテクストでしょう。

恋愛が輸入された当時、それは日本の「伝統」としてあった、家族制度と激しく対立していたのです。そのような時代背景を押さえた上で、厨川の論を詳しく見ていきましょう。

4　厨川白村、『近代の恋愛観』、角川文庫、１９５０、p.178

明治、大正期の西欧コンプレックス

厨川は日本の情愛の風俗の歴史をこのようにまとめています。

記紀万葉のごとき古代の文献に徴《しる》しても、また平安朝の文学に現れた所を考えて見ても、日本人は本来もっと自由に、もっと開放的に、もっと正しく両性関係を見ることのできた聡明な人種であったのだ。それが鎌倉時代ごろから戦国殺伐の気分と、儒仏の外来思想とを捏《こ》ねまぜてできた武士道というものに誤られ、人が「人」としての生活の最

> も重要な部分である両性関係に対して、奇怪至極な偏見と僻《ひが》み根性を抱くに至ったのだ。[5]

厨川が攻撃しているのは武士の男性中心主義的な考え方です。女性は子供を産む道具であり、情愛は武士を弱くする、堕落の道である、というわけです。日本の武家文化にあっては、古代ギリシャなどと同様、男性同士の友愛の方が重要でした。軍隊で戦争するために、兵士が団結することを重視すると、どうしてもそうした価値観が生まれるのでしょう。

そして厨川は、武士道こそ堕落の源泉であり、そこには儒教と仏教が背景にある、としています。こうした点は厨川の欧米文化主義者の側面が出ています。ともかく徳川時代の古色蒼然とした武士道文化を廃絶して、欧米文化を学ばなければならない、というわけです。

もちろんこれは、明治、大正時代に非常に強くあった、欧米コンプレックスの表れである、と考えて間違いないでしょう。

厨川は続けます。

> 一面に於《お》いて性的関係を甚だしく排斥し侮蔑しながら、他の半面に於いて、男女の風

紀が他の文明国に類なきほど乱れているのは、武士道のごとき旧道徳のうちには、恋愛の貴さに対する正当なる理解が全然欠如していたからだ。両性関係を単に生殖作用だと考えたり、性欲の遊戯だと見たりする固陋《ころう》の謬見《びゅうけん》に基づくのだ。動物よりも進化した人間生活に於いては、両性関係は簡単なる性欲作用よりも、さらに進転し昇華して、すでに至高の道徳となり信念となり芸術となっていることに気付かないからだ。「人」としての生活の中枢に横たわる至高絶大の力であることをも考えるに至らないからだ。(6)

「男女の風紀が他の文明国に類なきほど乱れている」というのは、夜這いの風習や遊郭の文化などを主に指すものと思われます。こうした日本土着の文化を厨川は劣った文化、遅れた文化、「旧文化」として断罪していくのです。

明治以降の文明開化を続行しなければならない。文明国にあるまじき遊郭の性の遊戯、といった野蛮な風習を捨て去り、欧米的な考えを真似しなければ、文明国として恥ずかしい。そこで一番学ばなければいけないのが、欧米的な恋愛です。もっとイデアルな、理想的な、ロマンティックな恋愛を学ばなければいけない。

ここにある「昇華」「至高の道徳」といった言葉は、先に見たロマン主義的な恋愛宗教のことを主に指すでしょう。そこには崇高さ、至高さに対する「信念」と「芸術」があるわけですが、厨川はそのヨーロッパ土着の文化たる恋愛文化を、かなり強引に日本文化に導入しようとしているのが見て取れます。

これは当時の文化エリート、西欧主義の知識人たちの使命であり、実際に成し遂げてきたことですね。恋愛は性欲の遊戯ではない、至高の道徳だ、そのことに日本人の大多数は気づいていないのだ、その点を考えるに至らないので、ダメなのだ、という論調です。

第1章からずっと見てきたように、ヨーロッパの恋愛制度は、別に文明国ならば必ず生まれる風習でもなんでもなく、歴史の偶然の中で発生し、発達してきたヨーロッパ土着の制度です。そこにはプラトンという天才、イエス・キリストという天才、吟遊詩人という天才、ロマン主義作家の天才がたまたま出てきて、独創的なこと、あるいは変なことを言い出して、それが広まった、というだけの話です。

つまり、ヨーロッパとは全く違った文化的発展を遂げた日本において、歴史のある段階で、ヨーロッパ土着の文化に「気づく」ことはありえません。しかしながら、ここには、文明国ならば必ずヨーロッパのように精神文化を発展させなければならない、というヨーロッパ・コンプレックスが発動しているのを見て取ることができます。

5　前掲書、p.12
6　前掲書、p.13

言葉の問題

そして厨川は、「恋愛」の無理解が言葉の問題でもあることに気づいています。

日本語には英語の「ラブ」に相当する言葉が全くない。「恋」とか「愛」とかいう字では感じがひどく違う。「I love you」や「je t'aime」に至っては、何としてもこれを日本語に訳すことができない。そういう英語やフランス語にある言語感情が全く日本語では出ないのである。「わたしあなたを愛してよ」「わたしや、あなたにイロハニホの字よ」ではまるで成っていない。言葉がないのは、それによって表されるべき思想がないからだ。(7)

大正11年の日本語の言語感覚、厨川の言う「言語感情」がいかなるものであったのか、今現在の私たちにはぼんやりとしかわかりません。「わたしあなたを愛してよ」と言うのがどれだけコミカルな表現だったのかはわかりませんが、次の例「わたしや、あなたにイロハニホの字」から見ると、せいぜいできの悪い駄洒落程度のものであったのでしょう。

愛の告白という行為は、ロマンティックな映画なら一番盛り上がるところですが、大正時代には真面目に「愛している」と言うこと自体が不可能でした。そしてイントロダクションでも少し述べたように、今でもこれは続いているのでしょう。この点について厨川の言い方は、半ば絶望的ですらあります。

「日本語には英語の『ラブ』に相当する言葉が全くない。『恋』とか『愛』とかいう字では感じがひどく違う」というように、「全く」「ひどく違う」と厨川は強調します。こんなところにも日本の文化を欧米の水準まで引き上げようと、悪戦苦闘している厨川の姿が見えますね。

もちろん、欧米文化の方が水準が高い、と信じてしまったのは時代風潮であり、劣っていたのは単に科学技術であったわけですが。

7　前掲書、p.14

意味不明だった「個人」「人格」という考え方

いずれにせよ、厨川は日本を導くべき知識人として、この本で「恋」でも「愛」でもない「本当」の「恋愛」を国民に説き、欧米の恋愛文化を必死に日本に導入しようとします。

そして、プラトンから中世キリスト教、ロマン主義までの恋愛観の変遷を、ヘンリ・フィンク、エドガー・サルタス、エミール・ルカ、特に当時流行したエレン・ケイなどのヨーロッパの知識人によって書かれた恋愛論をもとに、紹介していきます。

古代のように婦人を男子の性欲満足と生殖とのための道具のように見たのは、男尊女卑の動物扱いであった。また中世のごとくに、女人崇拝の極み、これを九天の高きに祭り上げたのは、女に神格を認めて人格を認めなかったからであった。婦人を一個の「人」として認め、個人の人格を確認するとともに、また完全な霊肉合一の恋愛観を見るに至ったのは、ルカのいわゆる第三段階である十九世紀以後に属する。近代婦人の自覚に基づく個人主義の思想は、当時の恋愛観を破壊するとともに、また新しい恋愛観を生じるに至った。即《すなわ》ち、男も女も単独にしては不完全な者である。…両性は互いに…自己を新たにし、全《まつた》からしめ充実せしめることが恋愛である、というように考えるに至った。

生殖作用のごときは単に両性関係の一部分にすぎないので、恋愛は即ち性を異にする二つの個人の結合によって、お互いに「人」としての自己を充実し完成する両性の交響楽に外ならぬと見られている。(8)

厨川の論は、主にスウェーデンの教育学者でフェミニストであるエレン・ケイから来ています。彼女は当時、日本の婦人解放運動のある種のスターでした。ケイは母性の重要性を説き、強制された結婚ではなく、人格を認められた女性が行う自由な恋愛と、そこからの結婚のあり方について論陣を張っていました。

ここに頻出する「個人」「人格」が、当時作られたばかりの翻訳語であることは明らかですが、日本文化にとって、こうした考え方は非常に異質であったことに注意すべきでしょう。

個の確立が社会的に求められず、むしろ排除されており、さらには人格として相手を尊重する、というコミュニケーションスタイルが存在しなかった日本にあって、まずこの「個人」や「人格」の考え方が、意味不明なものであったでしょう。

ましてや、そうした個人を前提とした「恋愛」も、その「恋愛」の「至高性」も謎であったはずです。

しかしながらこうしたものが「理想」として、人生の意味として推奨され、婦人解放運動のキータームとなり、そして時代は、親の決めた結婚から、自由恋愛結婚へと流れていきます。

8　前掲書、p.18

恋愛と仏教の混同

厨川は、そのわかりにくい「恋愛」をなんとか解説しようとして、宗教的なイメージをもち出してきます。

人間が最初その動物時代に於いて、異性との結合を求めたのは、明らかに性欲満足と生殖欲望とのために相違なかった。しかし進化とともにやがてその欲望は浄化せられ純化せられ詩化せられて、そこに恋愛という至上至高の精神現象を生ずるに至ったのだ。ここに至ってすでに最初のいわゆる劣情や欲望は、全然無意識心理の底に沈んでしまう。恋は果敢《かかん》ない浮き草でもなく根無し草でもない。あくまで深く強く性欲という泥田の中に根ざしてはいるが、やがてそれが恋愛となり高く美しく花咲き、母性愛や近親愛とな

って実を結ぶとき、根底はすでに泥土の中に姿を没していることを思わねばならぬ。(9)

ここで厨川は素朴な進化論を提出し、人間は皆進化すれば必ず欧米風の恋愛文化に行き着くのだ、と言っています。

ただ、そこで引き合いに出されるのは、蓮の花のイメージです。泥の中から生まれる蓮の花、というのはもちろん仏教の悟りのイメージです。欲望に塗《まみ》れた泥の中からでも修行を積み、功徳を積んだ末に、悟りの花を咲かせる、という仏教の救済システムが参照項となるのです。

もちろん、これまでの章で見てきたヨーロッパ土着の恋愛システムは、仏教とは縁もゆかりもないのですが、それを日本に輸入する際に、このような比喩に頼らざるを得なかったのでしょう。

実際に厨川は、この方向性で西洋の恋愛を説明していきます。恋愛とは個と個が結びつき、統一性を得ることだ、という第1章で見たような、ギリシャ神話以来のヨーロッパの伝統は、次のように解釈されていきます。

> だから現代の最も進んだ考え方からいうと、恋愛の心境は即ち「自己放棄における自己主張」Self-assertion in self-surrender だと見られている。己の愛する者のために己の全部を捧げることは、つまり最も強く自己を主張し肯定しているのである。恋人のうちに自己を発見し、自己のうちに恋人を見出したのだ。この自我と非我のぴったり一致するところに、同心一体という人格結合の意義がある。それは即ち一方からいえば、自我の拡大であり解放である。この境地に至ってはじめて真の自由は得られる。小我を離れて大我に目覚めるからだ。私が暗に宗教の法悦も恋愛の三昧境も同じだといった意味は即ちここにあるので、宗教家が求める解脱とか、大悟徹底とか、あるいは神の国、弥《み》陀《だ》の浄土に達するという心境は、完全なる自我の解放、真の自由生活に外ならぬ。それは唯一全き自己犠牲自己放棄によってのみ到達《アッテイン》し得る絶対境である。[10]

ここに至って、「恋愛」という言葉の意味が、完全に漂流している、と言って良いでしょう。恋愛とは仏教における悟りである、と言ってしまうと、全く意味がわからなくなりますが、厨川はヨーロッパの恋愛を必死に日本文化に輸入しようとして、別ものに変えてしまっています。

言うまでもなく、仏教的なヴィジョン、「小我を離れ大我を得る」といった悟りのヴィジョンと、第1章から第5章までで見てきた、ヨーロッパ土着の文化としての恋愛は、似ても似つかないものです。

かろうじて仏教的な慈悲の心と、キリスト教的な愛の思想は重なるところがあるのかもしれませんが、全く別の言語文化であることは明らかです。確かに双方とも神秘主義的なところはありますが、神秘主義だから同じ、と言ってしまうのは単なる暴論です[11]。

この結果、恋愛＝悟り、という謎の意味のつながりが出てきてしまうのですが、実はこれは翻訳の基本的な問題でもあります。

その社会に存在しなかった概念を輸入する場合、翻訳語を作り、その社会に伝わる寓話や神話、表現やイメージを通じて、理解できるものに変化させようとする。それが翻訳という作業です。そしてそれは、時に大きな誤解を生み出します。

ここでは厨川は、ヨーロッパ的な我と、仏教の言う我を混同しています。もちろん本人もそれらが違うものであることは認識しているでしょう。厨川が生きていれば、両者には共通点もあり、説明のためにあえてこうした喩えを使ったのだ、と自己弁護するのかもしれません。

しかしながら、これは厨川自身が、どこかでこの二つの別の概念を混同したことをも意味していいます。

あるいは、そもそもヨーロッパ的な自我を日本語圏文化に生まれ育った者がもつことは非常に困難、というかほとんど無理ですが、当時の知識人のプレッシャー、コンプレックスとして、ヨーロッパ的な自我を日本人ももたなければいけないし、もてるはずだ、という思い込みもあったのでしょう。

そして、ヨーロッパの恋愛の基礎となる「私」と、日本人としての「私」を強引に同一視する際に、恋愛と仏教の混同、という摩訶不思議な言説が出てきます。

ともかくヨーロッパの「私」、ヨーロッパ諸語から生まれてきた「私」は、ギリシャ、ローマの伝統、ロマンス語の伝統、キリスト教の伝統、近代哲学の伝統、そして革命、ロマン主義、という歴史の中で培われた「私」であり、ヨーロッパ諸語の文法規則に縛られて生まれた「私」です。それは日本語文化の中の「私」とは明らかに意味が違うのです。

9　前掲書、p.20–21
10　前掲書、p.30
11　そういうことを言いはじめると、少しでも神秘的なものがあれば全てが同じものになり、説明の意味がなくなってしまいます。確かに神秘は存在するのかもしれず、人類共通の何かがあるのかもしれませんが、神秘の取り扱い方、歴史的な変遷というのは、それぞれの言語文化特有のものであり、それをごっちゃにすると意味がわからなくなります。

厨川の信念、幻想、思い込み

とはいえ、当時の大秀才、大正期の知識人として使命に燃えていた厨川を、浅学菲才の著者が現代的見地から批判するのは、あまり趣味が良いとは言えないでしょう。

彼の熱意、知的誠実さには目を見張るものがあります。それを貶めるような真似をしても意味がないのですが、ここであえて彼の立場に立って、その信念をまとめてみましょう。

当時「大砲をぶち込まれた」ような衝撃を与え、ベストセラーになったこの恋愛論が、いかなる信念、幻想、思い込みに支えられていたのかを列挙してみます。

まずなんと言っても、ヨーロッパ・コンプレックスですね。ヨーロッパは進んでいる、文明とはヨーロッパのことで、日本はまだまだ野蛮国である、と。日本人の精神的進歩のためには絶対にヨーロッパの精神文化を学ぶことが必要で、特に恋愛が大事だ、ということです。これは当時の思潮でもあり、特に西欧主義者の考え方でした。

これは伝統主義者と対立するものであります。伝統主義者というのは、ヨーロッパの「ハイカラ」な思想にかぶれた気取り屋なんぞ無視して、日本は日本の道を行くのだ、という立場の人のことです。そうした対立は常にあり、恋愛文化もそのような対立に巻き込まれつつ日本文化の中に輸入されていきます。

そして、厨川の恋愛論を支えていた、もう一つの信念は、恋愛こそ人生を豊かにする、という恋愛至上主義です。これは理想主義的に過ぎるものだ、と当時から批判はありましたが、厨川は例えばこう言って批判を押し切ります。

わたくしの『近代の恋愛観』を読んで、あれは理想説だと批評した人がある。もちろんだ、いかにもだ。今多くの犠牲を捧げつつ新文化建設の途上に急げる世界の人身に、赫奕《かくえき》として輝ける理想主義の光彩を見よと、私は言う(12)。

生きることそれ自らが人銘々の芸術である。そして恋愛は人間が全我的に全人格的に、最も力強く最も美しく生きることである。恋愛において霊は白光に輝き、心は白熱に燃える。それは生命の光であり、生命の熱である。その光と熱の前には区々たる表面的利害のごとき論理のごとき、太陽に射られた薄氷の一片に過ぎないであろう(13)。

厨川の情熱、誠意には目を見張るものがあります。ヨーロッパの恋愛の理想を説き広めるために、ある種のシャーマンになっている節もあります。

12 前掲書、p.67
13 前掲書、p.165

反理性主義と理性の否定

恋愛至上主義を唱える厨川ですが、最終的に、恋愛の真理は理屈ではない、と繰り返しています。もちろん、これはロマン主義の反理性主義の復唱なのですが、日本語の文脈でこう言うと意味が変質します。

なぜなら、ロマン主義の主張の要は、あくまで理性主義の制約が強かった社会で反理性を唱えた、というところにあるからです。

そもそもヨーロッパにおける知性に対するこだわりは日本人の比ではないので、だからこそロマン主義的な「哲学」が隆盛を誇ったわけです。従ってそれは知性の全否定ではありません。

しかしながら、日本文化の中で、すなわち理性主義の縛りがほとんどない文化の中で、反理性を唱えると意味が変わってしまいます。すなわち、単なる理性の否定になってしまい、同時にカウンターカルチャーとしての特性、その斬新さも全て失われてしまうのです。

さらに、厨川の言説を支えているのは、日本人もヨーロッパ人のようになれるし、ならなければいけない、という思い込みです。

しかし、特に自我の構造、「私」のあり方については、西欧でできた理論が日本人に当てはまることは稀です。

残念ながら、日本的な「私」と西欧的な「私」を混同する立場は、今でも社会学や哲学の分野で盛んに見られます。これは知の制度そのものがヨーロッパ産なので、逃れるのがとても難しい思潮でして、著者自身も人のことは言えませんが、この思い込みに関しては細心の注意が必要です。

漱石との師弟の情に搦めとられる

厨川の例で見ますと、彼は西洋的な自我の確立を目指し、彼の議論はその確立を前提としているのですが、実際の彼は、漱石との師弟の情に疑いようもなく搦めとられています。それは西洋の個人主義の立場ではなく、日本的和合主義の枠内に収まってしまう、ということを意味します。

厨川の大学院時代の研究題目は「詩文に現れたる恋愛の研究」ですが、その指導教官はイギリス留学から帰ってきたばかりの漱石でした。

少し長いのですが、引用してみましょう。

私は時々先生（筆者注：漱石のこと）の私邸を訪ねて、この問題について教えを乞うた。いつも先生とは見解が違うので、夜をふかして議論をしたことをも一再ではなかった。いつかも『ロミオとジュリエット』のことか何かで恋愛を論じた時、先生は反対せられた。青春時代の客気《かくき》にかられて熱するの余り、私は先生によく喰ってかかった。師弟の関係をも打ち忘れ、黄口《こうこう》の乳臭児《にゅうしゅうじ》である私が唇を尖らし、自身の身の程をも弁《わきま》えずに弁じ立てると、先生もしまいには激して「今の少年、封建の道徳を知らず」というようなことも言われた。そんなところが今も『漱石全集』を紐解くと、あちこちに出ているのを見て、今は世になき先師を想って追憶の涙なきを得ない。青年客気の語、ついに先輩に対するの礼を失した罪を、私は今でも不都合であったと思っている。また芸術的表現としての冷罵や皮肉はいかにして言うべきものか、批評や議論はいかにしてなすべきものか、また文章の書き方、物の考え方はいかにすべきものか、それらについては単に先生の著書ばかりでなく、その巧妙なる座談によって暗示せられ啓示せられたことのいかに多かったかを追憶する時、今もなお感謝の思いを禁じ得ない。[14]

なんとも美しい師弟愛ですね。日本の近代化を背負って立ち、イギリスで神経衰弱になって帰ってきた漱石、その挫折を糧に大作家になった天才・漱石については説明不要ですね。その漱石と、師匠―弟子の関係で忌憚ない議論を交わすことができたなんて、なんとも羨ましい限りです。

しかしながらここに見られるのは、いわゆる先輩後輩関係、師弟関係で、封建制や日本の年齢によるヒエラルキーの中で熟成されてきた、情にべったりの関係です。この情に搦めとられた議論の仕方をしていては、すでに西欧的な議論はできません。

いわゆる自我の確立ではなく、土居武郎のいうような「甘えの構造」[15]、自我の確立を許さない相互依存の関係性が入り込み、あっという間に中根千枝が分析するような「タテ社会の構造」に吸収されていきます。[16]

それは理性の旗印のもと、独立した個の思想がぶつかり合い、せめぎ合うという西欧的な議論のあり方ではありません。そこには、日本的な封建制や徒弟制度の伝統特有の依存関係が生まれてしまいます。またそこは、ある種の家族制度の内側に引き込まれ、自我の確立が阻止される磁場の圏内であり、日本的和合主義が猛威を振るう場所でもあります。

厨川は、そうした師に対する恩義とともに、「文章の書き方」「物の考え方」「批評」「議論」の仕方を学んでしまうのです。

しかも、これが日本語で行われたことが決定的です。なぜなら日本語とは、西欧的な議論を換骨奪胎し、和合主義、同調圧力をうまく働かせるツールであるからです。

ここにあって西欧的な「自我の確立」と「恋愛」の輸入は完全に失敗している、と言っていいでしょう。

言葉の上では「自我」や「主体」や「恋愛」は日本語の中に定着しますが、その内実は、和合主義によって骨抜きにされた個人主義、ということになります。そこで西欧的な恋愛は、何か別のものに、日本的な、別種のものに変換されているのです。

14 前掲書、p.63
15 土居健郎、『「甘え」の構造』、弘文堂、1976

16　中根千枝、『タテ社会の人間関係』、講談社現代新書、１９６７

厨川の問題、あるいは恋愛輸入の実情

厨川の問題は、やはり日本語というシステム——個を排除し、同調圧力を働かせる言語文化の中で培われてきたコミュニケーションツールの力を、あまり考慮していなかったことではないでしょうか。

もっと言えば、日本的思惟の力を軽視していた、あるいは日本人の集合的な無意識を軽視していた、ということです。

理論を理解して導入することと、心情のレベルで導入することとは、天と地ほどの違いがあります。

ヨーロッパの恋愛は、心情と知性が微妙に絡み合い、独特の緊張関係の中でバランスを取りながら成り立っているものです。それはイデア論のような知性主義の中で発達し、理性主義から感情主義への揺り戻しの中で、生まれてきたのです。

ところが、日本には知性主義の伝統はほとんどなく、あるのは情の世界、心情のみの世界です。だからこそ恋愛に関しても、知性的な部分が全て吹っ飛んでしまう、という傾向があ

ります。

その結果、日本において「恋愛」というと、その理想のあり方、到達しえない無限遠点としての愛の形が、ヨーロッパとは違うことになります。

双方とも、無限に憧れ、神秘に憧れることにはなるでしょう。しかしながらヨーロッパの場合、愛という無限遠点には、必ず完全無欠の愛のイメージ、精神的な愛、知性的な愛のイメージがついて回ります。一方、日本の場合は、愛という無限遠点に、純精神的、純理想的、純知性的なものは想定していない、ということが傾向としてあるように思われます。

しかしながら、明治、大正以降、日本の恋愛文化には、独特の歪みがついてまわります。それはヨーロッパに学び、真似をすべきである、という歪みです。恋愛制度は、明治、大正期にあって、この西欧追従のひどいプレッシャーの中で作られていきました。それは現代でも、ロマンティッククラブの足枷、さらにはロマンティック・イデオロギーの足枷として強く残っています。

そこから日本的な「恋愛」とその意匠が、様々なバリエーションを伴い生まれてきます。

この点については、最終章で少し見てみることにしましょう。

第7章　西欧における恋愛肯定論と否定論、精神分析のヴィジョン

第6章ではロマンティックな恋愛がいかに日本に輸入されたのか、厨川の例を引いて分析していきました。

この章では再び舞台をヨーロッパに移し、ロマン主義そのものがいかに批判されたのかを見ていきます。

ロマン主義の批判は様々な形でなされるのですが、ここでは例として、19世紀ロマン主義の恋愛を特異な形で理論化したフランスの作家スタンダールと、20世紀フランスの大作家プルーストの間の対立を見てみましょう。ざっくり言って、スタンダールはロマン主義的な恋愛肯定論者、プルーストは恋愛否定論者です。

さらにはプルーストの恋愛観と関連して、20世紀の大発見である、精神分析における恋愛のイメージを見ます。ここまで来ると、西欧における恋愛の今日的なヴィジョンがほぼ出揃います。

スタンダールの『恋愛論』

スタンダールは、墓碑に「書いた、愛した、生きた」と彫られていることで有名な18〜19

世紀の大作家です。引っ込み思案でおどおどしたところがあり、また生粋の情熱家で恋愛体質だった人です。なにせ、「自分の人生は7つに構造化できる、7人の女性と恋に落ちたから」などと言ってしまう、ちょっとイタイ人です。

とはいえ、いやだからこそ、スタンダールは『パルムの僧院』や『赤と黒』といった小説をものして、19世紀フランス、ひいてはヨーロッパ全土に燦然と輝く偉大な小説家となりました。

そんな彼は、そうした恋愛小説、社会小説を書く前に、ほんの100部程度しか売れなかった恋愛論を書いています。可哀想に、出版社に「あまりに神聖すぎて、誰も書店で手に取らない」などと皮肉られたりもしています。

この『愛について』と題された恋愛論（邦訳はなぜか伝統的に『恋愛論』とされています）は、よく読むとあまり筋が通っておらず、いまいちよくわからない本として有名なのですが、偉大な小説を生んだ作家の習作的な心理分析としては、非常に面白いものです。

スタンダールの恋愛論は、大正、昭和時代に日本の知識人の間で、西欧の恋愛観の代表としてよく取り上げられていました。

『恋愛論』の中でスタンダールは、恋愛を4つに分けています。①情熱恋愛、②趣味恋愛、

③肉体恋愛、④虚栄恋愛です。

①情熱恋愛は、いわゆる情熱的でロマンティックな恋愛で、②趣味恋愛は、貴族の遊びの恋愛、貴族の礼節に縛られたお遊び、打算ずくの恋愛、③肉体恋愛は、そのまま肉体的な魅力に取りつかれる恋愛、最後の④虚栄恋愛も、そのまま虚栄心を満たすためにする恋愛で、爵位や自分を引き立たせる恋人をゲットするためのものです。

やたらに引用されるこの4種の恋愛ですが、そもそもこの4つの分け方が、うまくいっていないというか、よくわからないところがあります。趣味恋愛と虚栄恋愛は、ともに貴族や金持ちがする遊びの恋愛で、ちゃんとした区別もなかったりします。ざっくり言って、恋愛の4つの原因として、情熱、貴族的な遊び心や打算、肉体的欲望、虚栄心がある、と言ったところでしょうか。

ところがこの恋愛論には、そんな区分けよりも重要な理論、というか恋愛のイメージが登場します。かの有名な結晶作用というものですが、ちょっと引用してみましょう。

スタンダールは、人が恋に落ちる、その心の動きを7つのステップに分けて分析しています。

1　感歎
2　「あの人に接吻したり、されたりすれば、どんなに嬉しいだろう」と思う
3　希望
　相手の美点を知ろうと努める。女が、最も大きな肉体的快楽を味わうために身をまかせるべきはこの時である。
4　恋愛が生まれた
　恋愛するとは、我々を愛している愛すべき相手を、あらゆる感覚をもって、できる限りそば近くで見て、触れて、感じて楽しむことである。(1)

ここまでは普通の話です。綺麗な人を見て、素晴らしい人だと思い、もしかしたらものになるかも、と希望を抱き、相思相愛になる。そしてずっとそばにいたいと思う。それだけの話です。３の段階で、女性が身をまかせると、なぜ最も快楽が得られるのかは謎ですが、そこはご愛嬌でしょう。

1　スタンダール、『恋愛論』上巻、前川堅市訳、岩波文庫、１９５９、p.38

恋愛は結晶作用

ここから先が大作家スタンダールの面目躍如たるところで、彼の筆が疾走していきます。

5　第1の結晶作用が始まる

自分を愛してくれていると確信のもてる女を、人は様々な美点でもって飾り立てて楽しむ。自分の幸福をこまごまと繰り広げて、無限の快とする。ひいては、どのようにしてかわからないが、天から降って来た、しかも今は自分が所有している崇高な所有物を誇張するに至る。

恋する男の頭を24時間働かせてご覧なさい。次のようなことが起こる。

ザルツブルクの塩坑で、廃坑の奥深くに冬枯れで葉の落ちた木の枝を投げ込み、2、3ヶ月して引き出してみると、それは、輝かしい結晶に覆われている。山雀の足ほどの太さもない細い枝も、無数のきらめく輝かしいダイヤをつけていて、もうもとの枯れ枝を認めることはできない。私が結晶作用というのは、次々に起こるあらゆる現象から、愛するものの新しい美点を発見する精神作用のことである。……私が敢えて結晶作用と呼ぶこの現象は、我々に快楽をもつことを命じて、脳髄に血を送る本能と、愛するものの美点とともに快楽が増すという感情と、彼女は自分のものだという観念とからくる。[2]

恋愛とは何か、スタンダールの出した答えは、「恋愛とは結晶作用である」という美しいテーゼです。枯れ枝に塩の結晶が増殖していくように、恋する人の魅力が増していく。そんなイメージによって恋愛が捉えられています。

眼に見えない、大気中の成分が枯れ枝に固着し、結晶を作る。精神の中である特別な化学変化が起きて、ただの枯れ枝の上に、全く別の美が生まれ、もはや原型をとどめなくなってしまう。

ここでは、普通の恋愛から、まさに「崇高な」幸福、「天上」の幸福へと飛躍する、精神の動きが問題になっています。もちろんここには、これまで見てきたプラトニックラブから、中世宮廷恋愛、ロマンティックラブの面影が見て取れます。

まずはプラトン的恋愛観。目に見えない気体が結晶化して別次元のものになる、というスタンダールの考えですが、これは低俗な現実を超えて、天上のイデアの恋愛の世界、美の世界に行く、という世界観につながっています。

そして中世宮廷恋愛。アンドレ・ル・シャプランの恋愛論では、理性的に恋人の美点をあげつらい自分の恋を証明する、という口説き方を見ましたが、ここでもスタンダールは女性の美点が結晶する、と言っているので、中世宮廷恋愛的な騎士道の伝統に則っていることがわかります。

最後にロマン主義。実はスタンダール自身はロマン主義的作家の感傷的な物言いが好きではなく、もっとずっと理知的で分析的な立場を好みます。その意味では純粋なロマンティックラブとは少しずれるのですが、それでも騎士道恋愛の伝統に沿って、精神的な情熱恋愛、それも肉体的な幸福を含んだ情熱恋愛を称揚する点で、十分ロマン主義的です。

2　前掲書、p.39

第2の結晶作用

この恋愛の結晶作用について、スタンダールは続けます。

6　疑惑が生まれる

…恋する男は、期待していた幸福を疑い、自分がそうなると信じていた希望の根拠がなかなか信じられなくなる。彼は、人生の他の快楽へ急に転向したいと思うが、そんな快楽など消え去っていることがわかる。彼は恐ろしい不幸の不安に囚えられ、それとともに注意力が深くなる。

7　第2の結晶作用

…「彼女は自分を愛している」。疑惑の発生に続く夜、恐ろしい不幸の一瞬がすぎると、恋する男は15分毎につぶやく、「そうだ、彼女は自分を愛している」。そして結晶作用は転じて新しい魅力を見つけ出そうとする。やがて、ギラギラした疑惑の眼に捉えられて、急にそれを貶められる。胸は呼吸を忘れ、彼は「だが彼女は自分を愛しているか」とつぶやく。この悲痛な気持ちと甘さとに交互に揺られながら、哀れな恋人は「彼女だけが、この世でただ一人自分に楽しみを与えるだろう」とひしひしと感じる。

第一の結晶作用よりも第二の結晶作用がはるかに優れているのは、これが明白な真実だからであり、それが、恐ろしい深淵に臨みながら、一方の手が完全な幸福に触れている道だからである。(3)

この最後の2ステップによって、スタンダールの考える「恋愛」が完成します。

第1の結晶化作用によって、恋人の魅力が増殖し、精神の中で決定的な変化が起こるのですが、それで終わりではないのです。その結晶化作用は、疑惑と不安によって、さらなる進化を遂げ、天上の幸福感と地獄の猜疑心の間を往還します。

そして、その精神の作用をスタンダールは評価しています。恋愛は凄まじい幸福と不幸の間で揺れ動き、そこに深淵なる恋愛の真実が姿を現します。不幸のイメージの中には、ロマン主義の世紀病にあったような、理想に近づくことが困難である、という鬱屈した感情が見え隠れし、幸福のイメージには、ロマン主義的なイデア論的恋愛表象が色濃く影を落としています。

やはりロマン主義同様、その理想に囚われ、その不幸、困難を追求し、その罠にどっぷり囚われてしまう。絶対的理想を所有するという欲望を抱えたまま、その実現不可能性に直面してしまうわけですね。

総じて、スタンダールの立場は、ロマン主義に連なる恋愛肯定論である、と言って良いでしょう。

3　前掲書、p.40–41

プルーストと恋愛

そうしたスタンダールのロマン主義的な恋愛賛美、結晶化作用の理論をひっくり返した作家に、マルセル・プルーストがいます。

プルーストはダントツに優れた作家で、実際に20世紀文学の最高峰に位置する作家とも言われています。文庫版で10冊にも及ぶ大作『失われた時を求めて』だけを書くために、その人生を捧げてしまった生粋の文人でした。

この小説は文章が異常に長く、大した事件らしい事件も起こらないので、読み通すのがえらく大変なのですが、当時の社会像が細密に描かれるとともに、人間心理に対する深い洞察に満ち溢れています。そこではもちろん、恋愛も大きなテーマとなっています。

少し言い訳めいたことを言いますと、著者は一応プルースト研究者の端くれです。そのプルースト研究の枠の中だけでも「プルーストにおける恋愛」といったテーマを立てると、早くも胡散臭い感じがしてしまいます。あまりにテーマが複雑で大きすぎるので、きちんとしたことを言おうとすると、重箱の隅をつつくような細かい議論にしかならなかったりします。

とはいえ、本書のコンセプトは、そういう専門家しか興味がない細かい問題は置いておいて、わかりやすくいきましょう、ということなので、恥を忍んで、この重いテーマを簡略な形で扱ってみたいと思います。

ざっくり言うと、プルーストの立場は、基本的にはアンチスタンダール、恋愛否定論です。まずは恋愛に対する憧れですが、プルーストの理論的なバックボーンは、シェリング的なドイツ観念論、ショーペンハウアーの意思と表象の哲学などで、それもフランスに輸入された形でのドイツ哲学です。(4)

専門家らしく難しいドイツ哲学者の名前を出してみましたが、こんなのはちょっとしたこけおどしで、大したことはありません。

そこにあるのは、恋愛幻想は全て主体のヴィジョンの中にあり、そこから外に出ることはない、という考え方です。もっと平たく言えば、恋愛とは、相手のことを全く見ずに、自分の中で舞い上がっているだけ、ということです。

4　Anne Henri, La théorie pour une esthétique chez Marcel Proust, Luc Fraisse l'éclectisme de Marcel Proust, PPUF, 2010, 拙稿「プルーストのイデアリスム」『思想』、岩波書店、２０１３

恋愛を生むのは「信仰」にまで高められた憧れ

『失われた時を求めて』は、主人公の自伝の形式をとっています。そこでは3つの大きな恋愛が描かれます。ジルベルト、ゲルマント夫人、アルベルチーヌに対する愛ですが、これらの愛を総括して、語り手は以下のように分析します。

私達が愛している人の中にはある種の夢が内在しており、それを私達は常に見分けられるわけではないけれども、しかしその夢を追い求めている。私にジルベルトを愛させたのは、ベルゴットに対する、またスワンに対する信仰であった。ゲルマント夫人を愛させたのはジルベール・ル・モーヴェへの信仰だった。アルベルチーヌに対する、この上もなく辛く、嫉妬深く、個性的に思われる恋愛の中にさえ、なんと広大な海が残されていたことだろう！　さらに、人が夢中になるそういった個性的なもののために、様々な人に対する恋も多少はすでに錯乱なのだ。……

ところで錯乱は、恋愛に似ている。そこでは病的な欠陥が全てを覆い、全てを支配しているのだ。(5)

恋愛とは病気であり、錯乱である、というのがプルーストの考え方です。そしてその病気、錯乱を作るのは個人の幻想です。

小説の設定では、主人公は作家ベルゴットの文学作品の美しさに憧れ、そしてベルゴットと親しくしているジルベルトに恋しています。それが「私にジルベルトを愛させたのは、ベルゴットに対する（中略）信仰であった」という言葉の意味です。

同様に主人公は、ジルベール・ル・モーヴェという教会のステンドグラスに描かれた歴史上の人物に対する憧れから、ゲルマント公爵夫人を好きになります。そしてアルベルチーヌは、海辺の街に対する憧れが最初にあって、その街で出会ったアルベルチーヌに対して恋心を抱いた、という話になります。

すなわち、対象そのものを愛するのではなく、対象に投影された個人的な幻想が恋の原因である、ということです。要するに自分の幻想の世界の中で完結してしまってるわけですね。プルーストはそれを「信仰」という言葉で表現しています。

詳しく解説する余裕はありませんが、ここでは、まだ見ぬ美や真理、イデアの美的世界に対する憧れ、その世界の存在を信じる、という信念・信仰が問題になっています。[6] これはプラトン的な恋愛、中世宮廷恋愛からロマン主義に至るまでの、西洋の伝統的な恋愛のあり方に対応しています。

プルーストは、恋愛を生むのは「信仰」の域にまで高められた憧れであり、恋愛とは恋人にそうした幻想が投影され舞い上がっているだけのことだ、と分析しているわけです[7]。

その結果、プルーストにとって恋愛とは、ある意味で非常に独りよがりのものとなります。

一人の少女は、浜辺や教会の彫刻に現れた編み毛や一枚の版画など、様々なものと魅惑的に交じり合っているので、そうした少女がやってくるたびに、私たちは彼女を一枚の見事な絵のように愛することになるのだが、このような結びつきは必ずしも安定したものではない。もしも女と完全に生活をともにするようになったら、私たちはもう、彼女を愛させるようになったものを何一つ見出すことがないだろう[8]。

一人の少女が「教会の彫刻」や「一枚の版画」と交じっているというのは、こういうことです。教会の彫刻や版画をすごく美しいと思う。その美しさを自分のものにしたいと思う。ある少女がその版画に似ている。あるいはその彫刻に似ている。その時に初めてその一人の少女を美しいと思い、恋に落ちる、これが恋愛のプロセスである、ということです。

ここにはプルーストの非常にペシミスティックな恋愛観が表れています。

誰かに恋するとはどういうことか、スタンダールは結晶作用で恋愛を説明します。しかしプルーストは、そんな結晶作用などは個人の勝手な幻想であり、恋人の美点は、恋人その人がもっている属性などではない、と考えます。

そうした結晶作用とは、個人が勝手に他のところからもってきた憧れを投影しているだけである、ということです。それが単なる憧れであるというのは、一緒に生活してみればすぐにわかる。そんな自分のもっている幻想が偽物だったことが、わかってしまうわけですね。

これは一見わかりやすい話です。憧れの存在と一緒に暮らしてみたら、大したことはなかった、幻滅したというのが、おそらく多くの読者の解釈になるでしょう。

しかしながら、ここでの幻滅は、多くの日本人が考えるような事態とは少し違うと思われます。

というのも、あくまでイデアの世界の、天上の世界の精神的な美や真理に対する憧れ、プルーストの言葉では「信仰」があるからです。そのような天上の美を恋人に投影して恋に落ちるので、現実の女性に対しては幻滅が避けられないわけです。

通常の日本人は、こうしたイデアの世界に対する憧れがないので、こうした幻滅もわかりにくいでしょう。

5 Marcel Proust, A la recherche du temps perdu, édition publiée sous la direction de J. Y. Tadié,

Galimmard, « Bibliothèque de la Pléiade », 4 vol. 1987–1989, VI, p. 418. 拙訳
6　手前味噌ですが、この話はフランスで書き上げ、出版させてもらった私の博士論文の主題でもありました。La croyace proustienne : De l'illusion à la vérité littéraire, Garnier classiques, 2011
7　拙著、La croyance proustienne - De l'illusion à la vérité littéraire, Garniers classics, 2010
8　Marcel Proust, A la recherche du temps perdu, édition publiée sous la direction de J. Y. Tadié, Galimmard, « Bibliothèque de la Pléiade », 4 vol. 1987–1989, II, p. 647. 拙訳

不安と恋愛幻想の膨張

スタンダールの第2の結晶作用、嫉妬と不安が生む結晶化についてですが、プルーストの小説には例えばこんなテクストがあります。

憧れの海辺の街、バルベックで主人公はアルベルチーヌに恋します。といっても、ちゃんと彼女と喋ったわけではなく、遠くから見ていたり、すれ違ったりしただけです。アルベルチーヌに対する愛情の盛り上がりを、プルーストはこんなふうに書いています。

信仰が変われば恋愛もまた消滅する。その恋愛はもともと存在していた移動性のもので、一人の女に手が届かないと見るや、ただそれだけの理由でその女のイメージの前に立ち

止まるのである。こうなると相手の女を思い描くのは困難なので、彼女のことよりもむしろ彼女と知り合いになる方法のことをあれこれと考えるようになる。かくて不安の全過程が展開されることになり、それだけでもう私たちの恋愛を、ろくに知りもしない対象である彼女の上に固定するのに十分なのだ。愛は途方もなく膨れ上がる。現実の女がその愛の中でどんなにわずかな場所しか占めていないか、我々は考えようともしない。そしてもしも、少女たちと立ち話をしているエルスチール（筆者注：架空の偉大な画家）を見たときのように、不意に不安が治まり、苦悩が消えていったとすれば、その苦悩こそ私たちの恋愛の全てなのであるから、これまでその価値をあまり考えても来なかった獲物をいざ手中にしようとする瞬間に、恋愛は突然消え去ってしまったように思われるのである。いったい私はアルベルチーヌについて何を知っていただろう？　一、二度海を背景にして浮かんだ横顔だけだ。(9)

スタンダールは、不安と幸福の間の往復運動の中で第2の結晶作用が完成する、と主張しました。しかしながらそれはあくまでロマンティックラブを美化し肯定する結晶化作用の話です。プルーストは、そうした恋愛に対するロマンティックな美化を全否定します。

愛とは何か？　それは不可能性に対するある種の「萌え」です。

この不可能性には、二つのレベルがあります。一つは、神様の見ているイデアの世界――真の美にはたどり着けない、という不可能性。もう一つは、もうちょっと卑近なレベルで、大好きな彼女に会えないかもしれない、ちゃんと話せないかもしれない、もうきっと話すことさえできないのだ、という不可能性。この二つの不可能性こそが恋愛を作ります。

いずれにせよ、彼女のことをよく知って、その美点が結晶化し、恋に落ちる、というのはただのウソで、本当は自分の理想的な愛の幻想を投影しているだけで、それが得難いものであるように見えると恋愛が燃え上がるのです。

小説の中で、主人公はアルベルチーヌに恋をして、彼女はどう感じるのか、どう思うのか、何をしているのかと散々考え、不安になるのですが、結局のところ、本当の彼女を見ることができていたのかというと、まるでそうではない。恋に落ちている限り、それは不可能である。もっと言って、恋に落ちるということは、自分の恋愛幻想が邪魔をして、相手のことがまるでわからなくなる、ということでもあります。

9　前掲書、Ⅱ、p.213–4、拙訳

恋愛は無駄な時間

では、そのような恋愛幻想はどのようにしてできあがるのか?

プルーストの考えでは芸術作品を通じてできあがる、ということになります。感動的な文学作品、絵画、音楽には、そうした恋愛の理想形がイヤというほど描かれていて、その理想的な、イデアルな恋愛が実在するのだ、と思わされます。

それはプルーストの言葉で言えば「信仰」です。目に見えない神を信じるのと同様、恋愛を信じているのです。それは恋愛という宗教です。古代ギリシャから20世紀まで脈々と受け継がれ、発展してきた恋愛文化の伝統であり、制度です。幾多の天才が生涯をかけて生み出した恋愛の表象、その総体であります。

そうした恋愛宗教に洗脳され、その天上の世界にあるべきはずの理想的な精神的恋愛に憑かれ、その幻影を女性に投影し、それを無駄に追いかけて、そして徒労に終わる。これがプルーストにおける恋愛のイメージです。

非常に悲観的で夢も希望もない、ひどい考え方ですね。もう乾いた笑いくらいしか出てきません。一応プルーストも、その絶望的なヴィジョンの中で希望を提出しているのですが、これまた普通の人には真似ができません。

それは、芸術作品の中で恋愛を描くことです。芸術作品の創造を通して、現実世界では決して到達することのできない、イデアルな恋愛を自分のものにすることができるからです。つまり恋愛の理想を手に入れたければ、優れた芸術家になって、文学でも絵画でも彫刻でも音楽でも、はたまた舞台芸術でもなんでも良いので、理想の恋愛、恋人を創造する、これだけが唯一の希望です。

プルーストの場合、本当はそこに記憶の問題が絡み、もうちょっと複雑になりますが、大体のアウトラインはそういうことです。総じて恋愛とは時間のムダである、とこの作家は考えるのです。

『失われた時を求めて』というタイトルの「失われた時」というフランス語表現には「無駄にした時間」というニュアンスが強くあるのですが、恋愛に費やされた時間というのは、基本的に失われた時間＝無駄な時間なのです。それを言っちゃおしまいですよ、というひどい考え方なのですが、これはこれなりに説得力がありますね。

というわけで、プルーストはスタンダール的な恋愛、その結晶作用について非常にシニカルな見方をしています。スタンダールにとって恋愛は人生の価値の頂点をなすものでしたが、プルーストにあっては反対です。恋愛は時間の無駄です。せいぜいのところ芸術作品の創作に使えるネタを提供するだけのものです。その意味でプルーストは恋愛否定論の立場に立つと言って良いでしょう。

嫉妬と恋愛、不安の本質とは就寝の悲劇

プルーストの恋愛心理分析はそこにとどまらずに、さらに深みへと降りていきます。先の引用では「不安の全過程が恋愛を膨張させる」というテーゼが出てきましたが、それは恋愛に付随する嫉妬の問題でもあります。プルーストがここで言う「不安」とは、嫉妬する人の不安です。自分以外の人を恋人は好きなのではないか、そうした不安と猜疑心と密接に結びついた嫉妬の問題です。

ヨーロッパ文学の歴史がいくら長いとはいえ、プルーストほど執拗に嫉妬についてページを費やし、透徹した分析を積み上げた作家は見当たりません。文庫本10冊にも及ぶ長い物語の中で、嫉妬に関する心理分析は折に触れ、大々的に展開されます。

この問題を取り扱う前に、基本情報として、プルーストが極度のマザコンであったことは押さえておくべきでしょう。

ちなみに、統計に基づかない個人的な感想ですが、フランス留学中に知り合ったフランス

人、イタリア人の中にはナチュラルにマザコンな人がいて、驚かされたものです。「うちのママのパスタはマジで世界一だから」なんてことを大の大人が力説していたり、母親を前にして「ママン、ママン」を連発し、子供モードになってしまうオジサンなどもいたりするので、ドン引きした覚えがあります。

その中でもプルーストは別格のマザコンで、30歳を過ぎて同じアパートの上下階で母親と手紙のやりとりをしているなど、何をしているんだか、という感じなのですが、マザコンだからこそ見える恋愛の真実もあったようです。

『失われた時を求めて』の冒頭には、「就寝の悲劇」と呼ばれるエピソードがあります。これは幼少期、ママのお休みのキスがないと眠れない男の子の苦しみを描いたもので、プルーストの文学の革新的なところです。すなわち、母親不在の苦しみ、それこそが不安のプロトタイプ、嫉妬の不安と猜疑心の源泉である、という考え方です。もっと言って、それこそが恋愛感情の源泉である、ということです。

プルーストはこのアイデアを、長大な小説全体で論証しようとしています。母親不在の苦しみとは、あらゆる恋愛感情の基礎、ひいては嫉妬の感情、不安の感情の基礎になる、とプルーストは主張するのです。ちょっと引用してみましょう。

私が自分の部屋で寝るために階段を登る瞬間、その瞬間の唯一の慰めは、ベッドの中に入ったときにママンがお休みのキスをしにきてくれることだった。それでも、このお休みのキスはすぐに終わり、ママンは一階に降りていってしまうので、彼女が階段を登ってくる音、廊下をすぎる彼女の青いモスリンの庭着の軽い衣摺れの音は、私にとってとても悲しいものだった。その音は、やがて彼女が私を捨て去り、一階に降りていってしまう、その瞬間を予告したからである。(10)

お休みのキスが欲しくて、母を待ち続ける子供の悲しみが小説の冒頭で描かれます。もちろん大人の目からすれば、これはよくある話で、大した悲劇でもなんでもなくて、単に子供の甘えた態度でしかありません。しかしプルーストは、この就寝の悲劇を非常に重要なものとみなします。愛する人＝母親と離れていること、その別離の感覚、そこに全ての恋愛心理の根源がある、と考えるからです。

恋人と会うことができずに寂しい思いをすること、別離の苦しみ、さらには恋人を完全に所有することのできない不全感――こうした恋愛心理は、全てこの幼少期の就寝の悲劇に端を発しています。

そこでは、自分を守るべき者がいない、心細く、情けない夜の心情が問題になっており、他にどうすることもできずに、ただすすり泣き、母が来るのを待ちながら不安で一杯になり、ベッドで不眠の夜を過ごす弱く無防備で愚かな自分がいます。

『失われた時を求めて』という小説は、主人公の一生を描いた作品ですが、主人公が老年に差し掛かり、自分の人生の全てを見渡したときに、このすすり泣く少年がずっと自分の心の奥底に存在し続けていたことを発見します。それは主人公の恋愛遍歴の出発点であり、終着駅でもありました。就寝の悲劇とは、決して癒されないトラウマであり、恋愛のアルファでありオメガであったのです。

プルーストにとっての就寝の悲劇、お休みのキスを待つ不安な少年の心持ちが描かれる場面ですが、母親のキスの瞬間はこのような比喩で描かれます。

ママンはベッドのそばで体を向けて顔を差し出し、お休みのキスをするのだが、それは私にとっては、聖体拝領のパンのようで、私の唇はそこから彼女の実在と眠る力を得るのだった。(11)

「聖体拝領のパン」は、パンと言っても、大体が離乳食の時に子供にあげる味のないスナックのようなものです。これはキリスト教のミサの基本的な儀式です。キリストが全ての人間の罪を贖ってくれたことになっているのですが、そのキリストの体を象徴するパンを食べることによって、神の恩寵を自分のものにする、それが聖体拝領という儀式です。言ってみれば、救済の約束ですね。

神の実在、その絶対的な愛そのものであるパンを自分の肉体の中に入れ、神の愛と一体になる、パンを食べるという行為にはそういう意味があります。

プルーストは、お休みの際のママンのキスをそうした儀式のパンに喩えてしまいます。こうした比喩はキリスト教徒にしてみれば、とんでもない神の冒涜です。寂しがり屋の少年にとっての、ママンの日常的なキスと、絶対的な愛を伴った神の愛は、比べられるものではないからです（ちなみにプルーストは自分がキリスト教信仰をもっていないことを書簡で述べています。まあ、どこまで本気だかよくわからないのですが）。

しかしながらここでもプルーストは、西欧の恋愛の伝統に沿って独特の表現をしていると考えられます。キリスト教の愛、聖母マリアの愛、それが中世宮廷恋愛から恋人の愛と混同されてきたのは、第3章、第4章で見た通りです。それが発展しロマン主義的恋愛になります。

プルーストの比喩は、そうした歴史の流れを遡っていきます。

恋愛感情の裏にはキリスト教的な救済の世界があり、聖母マリアの愛にすがる甘えた態度があり、それは究極的には子供の母に対する甘えた感情だ、ということです。その意味では、プルーストの視線は、ロマン主義が美化した恋人のその歴史的起源、心理的な原因を暴いていくようなものになっています。

ロマン主義作家は、美しい恋愛理論を作り恋愛を賛美します。ところがプルーストは、そんな恋愛がたどった歴史を比喩によって逆行し、その起源を晒し、その神話が嘘であることを仄めかしている、と言っても良いかもしれません。

恋愛なんて、キリスト教や中世宮廷恋愛やロマン主義が謳ったような美しいものではなく、ただママが恋しくて泣いてる子供のお話なのだよ、ということです。

しかしながらそれは、人間にとって根元的な束縛です。ともすれば、寂しいという感情と一緒にすぐに噴出し、人を嫉妬に狂わすトラウマです。プルーストは恋愛に価値を認めません。むしろ恋愛を芸術作品に昇華することによって、ある種の悪魔祓いをすることをすすめているようにも思えます。

10 前掲書、I、p.13. 拙訳

11 前掲書、I、p.13. 拙訳

精神分析という衝撃

恋人の背後に母親を見る、恋愛の不安の背後に母親不在の不安を見る、というプルーストの考え方は、時をほぼ同じくしてウィーンで発見されたフロイトの精神分析の見方に非常に近いものです。プルースト自身はフロイトを知らなかったのですが、両者の考え方が共鳴していることは、多くの批評家が指摘しています。

この章を終えるに当たり、ヨーロッパの思想史に激震を与えた精神分析、その恋愛に対する見方をまとめておきましょう。

この精神分析的な見方も、恋愛否定論、とまでは言いませんが、やはりロマン主義的な恋愛観を換骨奪胎するものでした。

精神分析という、恐ろしい学問が20世紀初頭にフロイトによって創始されます。精神分析はフランス、アメリカ、イギリスで流行るのですが、日本ではあまり流行りませんでした。正直、日本人の精神構造にどこまで当てはまるか、わからないところはあります。

私自身、精神分析に完全に同意することはできず、おいおい、と思うところもたくさんあるのですが、精神分析的なものの見方は、今現在では、世界的に一つの大事な教養であり、そして精神分析は、西欧の恋愛観もがらりと変えてしまいました(12)。

精神分析が何を発見したか。一言で言えば無意識の世界です。恋愛感情の源泉はここにある、と精神分析は唱えます。なぜ人は人を好きになるのか、それは無意識のパワーで好きになる、ということです。

好きになるという感情、本当の意味で、自分にとって大事な人と思えるという感情、その人と一緒にいられるとすごく幸福で、いられないととても悲しい。そういうのが恋愛感情だとするなら、それは、意志、計算の問題ではない。誰かを自分の意志で好きになっている、自分が選んでいる、というのは幻想で、我々が抱える無意識によって、選ばされてるだけである、と。

では、どうやって好きになるか？　自分の理想を恋人に投影して、好きになるのです。それはそうです。これと似たようなことはたくさん言われていました。

精神分析が違うのはここからです。理想の恋人は、すでに無意識によって作り上げられていて、その理想の恋人とは、幼少期の母親、父親のイメージ、だということです。もっと言ってしまえば、我々の恋愛は、幼少期の親との関係を反復しようとしているだけである、と。

こう言うと、多くの人が信じられない、ということでしょう。ある種の不快感を感じる人も多いかもしれません。事実、みなさんが好きになっている人は、父親とも母親とも似ていないでしょう。

ここで精神分析が問題にするのは、あくまで幼少期の父親と母親のイメージです。大人になって、父親、母親を一人の人格として見ることができて、いい点も悪い点も客観的に捉えられるようになってからの、つまり、今大人になった私たちが見ている現実の父親、母親が問題になっているのではありません。

小さい頃の親のイメージ、しかもすっごく小さい頃、記憶の隅にも残っていない頃、赤ちゃんでおしめもとれていない頃に私たちがもっていた父親、母親のイメージです。

つまり、私たちを守り、おっぱいを飲ませてくれ、暑かったら着物を脱がせてくれ、寒かったらいろいろ着せてくれ、泣けば世話してくれ、オムツが汚れて気持ち悪くなり、えーんと泣くと、ちゃんとお尻を洗って、オムツを交換してくれた、そんなお父さん、お母さんのイメージです。条件なしで、愛してくれた、泣けばなんでもやってくれた、その頃の親のイメージです。

そして、その人がいなくなれば、世界が終わったかのように悲しくて苦しくて、泣き叫ぶことしかできなかった、そういう小さい頃の親のイメージです。つまり大人になってからは完全に忘れてしまった、親の姿です。そのイメージを追い求めて、私たちは恋をしている、と。

12　Éric Blondel, L'amour, Flamarion, 1998, p.110

性のエネルギー＝リビドー

証拠はなんだ、何を根拠にそんなことを、と言う人もいるでしょう。初めてこの話を聞いた時は、私もそう思いました。

精神分析家にとっての厳然たる証拠は、我々が恋する時に感じる感情そのものです。恋をすると、我々は恋人の前で子供のような態度をとってしまいます。恋人の半数以上が、恋人といる時に幼児語を使うという統計があります。みなさんの中にも覚えがあるかもしれません。我々は恋人の前では幼児化するのです。

恋人の前では、友人や知人には決して言わないような、わがままなことを要求したりする。女性に多いのかもしれませんが、男性にももちろんあります。わがままを言う。幼児化する。そして、そのことを許してほしいと思う。

まさに勝手な要求なのですが、恋愛はそこにとどまりません。恋をするとその人なしではいられなくなります。その人が他の人を愛するのが許せなくなります。その人の不在が苦しくてしょうがなくなります。その人に守ってもらいたくなります。悪いことをしても、その人に許してもらいたくなります。その人に自分の存在全てを受け入れてほしいと思います。

これは何でしょう？　この感情は、この心の動きは何でしょう？

精神分析家は答えます。これは、小さな子供が親に対してもつ感情と同じだと。恋愛感情、それは私たちが初めて経験するものではない。幼児期に全て経験している感情であるわけです。

逆に私たちの恋は、忘れ去られた両親のイメージ、それを追い求めるように、プログラムされている。つまり恋する私たちは自らの幼年期を繰り返すように支配されている、そういう存在である、ということです。

そういうと、「いやいや、子供の親に対する愛と、大人になってからの大人同士の愛にはえらく違いがある」という反論が来るでしょう。大人になってから、恋愛には常に肉体関係というものがつきまとう。実際に関係をもって、子供を作り育てる、そういう次元の話がある。端的に言ってセックスの問題がある。ところが子供と親との関係には、そういう下卑た欲望はない。性的な欲望がないのであれば、親に対する愛と恋人に対する愛は全く別ものと考えるべきだ、という反論です。

精神分析家は、「いやいや、それは本質的には同じです」と言うんですね。特にフロイトは、精神病の人、神経症患者をたくさん見る中で、そう確信しました[13]。

幼児期にも性欲はある、赤ちゃんは誰かとセックスをしたいとは決して思わない。そんなものがあることも知らない。でも、性欲はある。性のエネルギーは体中を駆け巡っている。お母さんの愛を得たい、お母さんに抱っこされたい。お母さんのおっぱいが欲しい。これは純粋無垢な愛の物語ではない。これはすでに性の物語だと。将来、男性が女性に対してもつ欲望、そして女性が男性に対してもつ欲望、その雛形がすでにあるんだ、というわけです。

お母さんのオッパイを飲む、というのは、男の子にとっても女の子にとっても、ただご飯を食べてるだけじゃない。そこには、性のエネルギーが渦巻いている。性のエネルギーがお母さんのおっぱいに向かって迸っている。

フロイトはこう考えて、この性のエネルギーをリビドーと名付けました。そのリビドーが成長とともにうまく異性の性器に向かえば（精神分析用語で「固着」と言います）「ノーマル」な大人となり、それが他のもの、足や手、声に向かえば足フェチ、手フェチ、声フェチなどになる、ということです。

13　ジグムント・フロイト、『フロイト全集15　１９１５－17年　精神分析入門講義』、新宮一成・高田珠樹・須藤訓任・道籏泰三訳、岩波書店、２０１２／ジグムント・フロイト、『フロイト全集６』「性理論のための三篇」、渡邉俊之訳、岩波書店、２００９

「転移」の発見

しかしながら、恋愛する時に親の姿を追い求めている、なんて、なぜこんな話になってしまったのでしょうか？

そのことを理解するために、もうちょっと具体的に精神分析の歴史を見ないといけません。[14]

19世紀末に、ヒステリーというわけのわからない病気がありました。ヒステリーという言葉ですが、今日では、キーっと怒る、切れることをヒステリー起こす、とか言いますけど、もともとのヒステリーの意味というのは、ちょっと違います。

肉体的には全然病気じゃない、だけどある状況になると、体の半分が麻痺しちゃうとか、急に歩けなくなっちゃう、足がしびれちゃうとか、泡吹いて倒れちゃうとか、目がいきなり見えなくなる、という症状が出てきてしまう。このように他の病気の症状を真似る病気がヒステリーと呼ばれるものでした。

フロイトはもともと医者でして、このヒステリーを調べていました。

ヒステリー患者は肉体的には問題がなく、常に体の一部が麻痺している患者とか、目が見えない患者とは、確実に違う。ヒステリー患者というのは、ある状況になった時だけ、そういう症状が出てくる。彼らは、そういう他の病気の症状を真似しているだけとしか思えない。さてこれは何だと。何が原因なのか。肉体的に問題がないのであれば精神的な問題なのではないか、と考えたわけです。

では、どうやって精神のことを調べるか。フロイトが選んだのは夢分析と自由連想法というものでした。なんのことはない、ただずーっと患者の思いついたことやら、夢やらを喋ってもらうだけですね。

そしてフロイトは、あることに気づきます。会話がある話題に触れそうになると、患者は必死にそこを避けようとする。明らかに動揺したり、不安になったり、明確な拒否反応を示したりする。むむ、ここには何かある、と思って、粘り強くカウンセリングを、夢分析を続けていく。

そうやって頑張っていて、あるポイントを過ぎると、その拒否反応がどっと崩れます。患者が昔のことを思い出します。何を思い出すのか？　そこにあったのは、幼少期の心の傷――精神分析用語で言う「トラウマ」でした。しかも、それも性に関わる話ばっかりだったんですね。

それで、患者がそのことを思い出す、そのことに気づくとヒステリーの症状がぱたっとやむ。「なるほど、このヒステリーっていう病気は、どうやら小さい頃のトラウマ、性に関わるトラウマが原因だ」と、こういう話になってきたわけです。

それでフロイトが、多くのヒステリーの患者、精神病の患者を見て、こういう対話療法を繰り返していくうちに、多くの人に共通する構造が浮かび上がってきた。それをまとめあげたのが、精神分析という学問です。

とにもかくにも、ヒステリーやらその他の異常行動の治療のために、精神病の患者さんがフロイトのところにくる。そして自由連想法による精神分析、カウンセリングを受ける。深くて重い話をする。分析治療する。

いろいろ今大変で、すっごい精神的に辛いけど、それは昔こういうことがあって、無意識に辛い過去を抑圧してて、今おかしくなってる。だから、その無意識を一緒に意識化しよう、分析していこう、ってやるわけです。

例えば、昔、信頼していたおじさんに性的にイタズラされたとか、好きになってはいけない親族を好きになってしまって、いけないいけない、と思っていただとか、その手の話です。[15]

そうした無意識の抑圧が原因でヒステリーや神経症が生まれてくる。そこで、その抑圧されている無意識を意識化し、解放してあげると、ヒステリーや神経症などの症状が治る。これが精神分析の治療方法でした。

ところがそうして分析が進んでいく際に、ある奇妙な事態が起こることにフロイトは気づきました。[16] それは分析が進むと、患者が医者に恋をする、ということです。

患者に恋人がいようがいまいが、結婚していようがしていまいが、関係ない。人に話せないような、彼氏にも恋人にも友達にも話せないような、自分の無意識ですね、これを一緒に分析医と話していると、患者が分析医に恋をするんです。

すると、患者は医者をあの手この手で誘惑しようとします。脅したり、なじったり、怒ったり、泣いたり、無視したり、怒らせたりするわけです。それはそれは、あらゆる手を使ってきます。

これはなんだ、とフロイトは考えます。そしてフロイトが考えた結果ですが、どうやらこれは、自分を親と同一視してる、ってことがわかってくるんですね。心を病んで錯乱して、わけのわからんことをずっと言ってる場合もあります。

あの手この手でこっちを誘惑してくるし、わけわからんこと言うし、大変なんですが、でも注意深く患者の言うことを聞き、言ってることを総合すると、どうやら分析医に恋をしているんだけど、同時に医者を親と見立てている。同一視している。そして、親に対する愛情、さらには親に対する文句、怒りを分析医にぶつけている。さらには、「親が子供を愛するように私を愛して」と患者は求めてくる。

これを「転移」と言います。つまり分析医に、親に対する感情を投影しているのです。本来親に向いていた過去の感情が、その対象を移してしまうわけです。

フロイトは考えました。この「転移」は、恋愛している時に普通の人がとる行動、心理と違うところがない、と。そこからフロイトの革命的な恋愛観が生まれてきました。彼はこう考えたんです。恋愛というのはそもそも転移なのではないか、と。(17)

余談ですが、これは女性を惑わす悪魔のテクニックです。自分のことを好きにさせたかったら、分析医と患者のように話せばいい。それで相手のトラウマを引き出し、幼児的欲望、子供として親に甘えたい、ってのを引き出せばいいんですね。すると転移が起こり、べったりの関係になる。

まあでも、これは本当に悪魔のテクニックですし、相手も自分も病むことが多いかもしれません。だからおすすめしませんが、そういう口説き方は昔から存在しています。

14　精神分析関連の概説書は多くありますが、読みやすいものとして、藤山直樹、『集中講義・精神分析』、岩崎学術出版社、２００８、を挙げておきます。
15　フロイトの著作には全てこうした話が出てきますが、代表的なものは、「精神分析入門講義」にまとめられています。ジグムント・フロイト、『フロイト全集15　１９１５－17年　精神分析入門講義』、新宮一成・高田珠樹・須藤訓任・道籏泰三訳、岩波書店、２０１２
16　ジグムント・フロイト、『フロイト全集12』「転移の力動論にむけて」、須藤訓任訳、岩波書店、２００９
17　ジグムント・フロイト、『フロイト全集13』「転移性恋愛についての見解」、道籏泰三訳、岩波書店、２０１０

転移と人間関係一般

転移という話はもっと拡張していきます。現代の心理学ではこれを「感情転移」と言いますが、恋愛関係だけじゃなく、友達とか先輩とか先生と生徒とか、全部転移がある、という話になってきました。

ちょっとこの人、感じいいな、この人といると落ち着く、楽しいっていう感情がある、そんな場合は常に軽い転移がある、ということです。

父親、母親、あるいは昔、自分をよく世話してくれた人、兄でも姉でもいいです。その人といて楽しい、嬉しい、愛されている、守られている。そういう感覚をもつ。そうするとリビドーが何かに固着します。その大事な人の顔とか、仕草とか、匂いとか、声とか、何でもですね。で、それと似た性質をもっている人がいると、その人に対していい感情をもつ、フィーリングが合う、楽しいってことになる。これは無意識が勝手に行っている作業です。

ところが、仲良くなると、喧嘩する。これは友達も恋人も同じですね。

これは、仲良くなる、転移が起こる、その相手に対して、子供のように振る舞ってしまうことがある。つまり、どんなにわがままを言っても、私を愛してよ、見捨てないでよ、とエゴイストになってしまう。そうすると喧嘩になる。友達同士仲良くなって、あるいは恋人同士深い関係になって、喧嘩する、というのは、このプロセスを踏んでいることがかなり多い、というか必ずこのプロセスを踏む、というのが精神分析的な発想です。

その意味で転移は、人間関係の基礎だ、ということですね。

すると、逆にこういうことも言えます。転移が起こっている時には、人は本当の相手を見ることができていない。なぜならそれは、自分の過去の環境、親との関係を反復しているだけだからです。その人のことをちゃんと見ていない。これは人間関係を考える上で、かなりの難問になってきます。

恋愛のプロセスの精神分析的解釈

恋愛に話を戻します。

転移という考え方が正しいとすると、恋愛というのは、転移が最も強く起こる場所だということになる。友人とか知人だったら大丈夫。まだ知的に、理性的に相手を判断できる部分もあります。ところが恋人となると転移が強烈に起こる。そしてプルーストにあったように、相手のことがさっぱりわからなくなるのです。

スタンダールは、恋に落ちる瞬間を結晶理論で説明しました。ロマンティックなイメージですね。しかし精神分析的には、恋に落ちる場面をリビドー論で説明することができます。ものすごく簡単な例を挙げてみましょう。

母親の髪が美しかった。小さい頃、お母さんの髪の毛に触れながら、抱っこされる時に、ものすごく気持ち良かった。その時、子供は母親とある種の一体感を感じることができた。すると幼児性欲たるリビドーが髪の毛に結びつけられ、「固着」します。髪フェチの誕生ですね。その人は、大人になって髪の美しい女性に恋に落ちることになります。

その女性が、お母さんとまるで似ていないこともあります。ただその髪の毛が、昔の感覚につながっていれば良いのです。

こうしたリビドーとリビドーの対象の結びつきは、無意識の中にあります。そのつながりは意識されないのだけど、ある種の髪の毛を見ると、恋に落ちてしまうわけです。

一九世紀フランスの大詩人、ボードレールの『悪の華』には、髪フェチの美しい詩がたくさんありますね。

大事なのは先にも言った通り、無意識によって、私たちは愛する人を決められている、ということです。そしてそれは幼少期の親との関係の反復でもあります。

同様に、小さい頃抱っこされた時、お父さんの胸板がすごかった。すると胸板のたくましい男性に憧れる胸板フェチができあがります。お母さんの匂いを嗅ぐと安心した。匂いフェチができあがります。巨乳好き、なんてのは説明するまでもありませんね。

スタンダールが結晶化作用で美しく定式化したロマン主義的な恋愛を、精神分析はリビドー論で、無意識の転移理論で、まるきり別様に解釈してしまうわけです。

さらに、不安の全過程により結晶作用が深まっていく、としたスタンダールですが、それは、転移理論によると全く違った説明になります。

誰かを好きになる、それはその美点が結晶化していく、というより、何かのフェチがきっかけとなり、無意識によってその人を好きにさせられる。そしてそこから転移の全過程が始まっていきます。

その人に愛されることが、何よりも大事になる。そこに投影してしまったのは、昔の親との関係です。母親に、父親に愛されることを求め続ける子供の自分がいます。その子供はプルーストが作品の中で描いたように、母の不在を嘆き悲しむ、情けなく愚かで弱々しい甘えた存在です。

何にもまして、その人のことを所有したくてたまらなくなります。その人が他の人に注意を向けているのが、苦しくてしょうがない。自分の話を聞いてほしい、自分のことを見ていてほしい、自分を愛してほしい。必要とする時にその人がいなければ、とてつもない不安と嫉妬に苛まれます。

自分を守ってほしい、認めてほしい、そうした欲動が加速し、手がつけられなくなり、あらゆる手練手管を使うようになります。その人を前にして、嘘をついたり、怒り出したり、泣き出したり、いじけて見せたり、あえてその人が傷つくようなことをしてみたり、ともかく自分が小さい頃に親の注意を引くためにしたこと全てを繰り返します。いわゆる「かまってちゃん」になってしまうわけですね。

もちろん大人なので、こんなふうにおおっぴらに子供じみた態度は取らないでしょう。何かにかこつけて、恋人に連絡を取り、一緒に映画を見たいから、ご飯を食べたいから、何かを買いに行きたいから、という一見正当な理由で行動をカムフラージュするでしょう。そして相手をなじる時も、相手が常識的に間違ったことをしたから、変なことを言い出したから、迷惑な言動があったから、といった理性的な理由を持ち出し、自分を正当化することでしょう。

しかしながらそこでは、「私を見て、ちゃんと愛して」という幼児的な欲望が猛威を振るっているだけです。それ以外は、どうとでもでっち上げられる屁理屈でしかないのです。これは分析治療の過程で、患者が分析医に見せる態度と変わらない、ということになります。

恋愛の見方をガラリと変えた精神分析

このように、精神分析的な見方は、プルーストと同じく、ロマン主義的な恋愛の見方、恋人の崇高さ、精神的恋愛の気高さ、無限への憧れを、全て単なる屁理屈とみなしていることがわかります。

重要なのは、そんなことではなく、親との関係が恋人との間で反復されている、ということだけであり、恋人の理想化などはその表面的な結果に過ぎない、というわけです。

すると精神分析的な見方は、今まで取り扱ってきた論点――古代ギリシャの統一性の追求、イデアの追求、ローマのヴィーナス信仰、中世宮廷恋愛における恋人の神聖化、ロマン主義の崇高と永遠――は、全て表面的でしかない、と主張することになります。

恋愛の本質はそんなところにはない、親子関係の反復こそが、恋愛の本質だ、ということです。

そしてこのトラウマ――母親と分離させられ、その母親に構ってもらえない、そんな誰にでもある幼少期のトラウマですが、これに囚われすぎると人は病気になります。あるいは普通の人の多くも、裏を返せば、こうした病気に囚われているのかもしれません。精神分析はこうした根元的なトラウマから解放されるために、病状の終わりなき分析を続けるのです。

このような意味で、精神分析は、西欧における恋愛の見方をガラリと変えてしまったといえます。

先にも少し触れましたが、精神分析は日本では流行りませんでした。天才的な精神分析の理論家であるラカンは「日本人には精神分析は必要ない」なんて言ったとして有名ですが、日本人の精神構造に、精神分析的な考え方がどこまで当てはまるかよくわかりません。しかしながら転移の話は、かなりの程度当てはまるかな、とも思います(18)。

少し整理すると、こういうことです。

西欧でできた恋愛制度が日本に入ってはきたが、日本人には未消化のままであった。そのうち西洋では、恋愛制度そのものを別様に解釈する精神分析が生まれた。これはいわば対岸の火事的なもので、日本人にはあまり関係のないものであった。しかしながら「転移」という考え方は、西洋の文化的な枠組みを超えて、ある種の普遍性をもつ考え方である。従って、日本人的な恋愛もおそらくはある程度転移の話でも説明できるであろう――、ということです。

この点については、第8章で少し見ることになるでしょう。

18　おそらく転移は日本人の村社会的な人間関係の中で特異な役割を果たしてきて、それがコミュニケーションルールの中に取り入れられ、ある種の建前化すらしている感があります。土居健郎の甘えについての分析がヒントになりますが、「甘え」よりも「依存」をキーワードとして、様々な観点から比較文化的に論じることが可能だと思われます。依存の生態学としての日本人論ですが、この点について第8章で簡単に触れます。

ジェンダーと精神分析

最後にジェンダー論の話をしましょう。[19] 精神分析的観点からは、男性のジェンダー、女性のジェンダーは一体どのように見えるのでしょうか。

精神分析的観点からすると、例えば、男の子は母親の愛を得るために、母親の望む男性になろうとします。女の子も同様です。失われた母との統一性を得るためか、ともかく母親に、父親に愛されるためにはどうしたら良いのか、というのが子供の時の基本的な戦略になります。

すると、子供は親のジェンダーをコピーすることになります。男とは何か、女とは何か、その理想像を父親、母親がもっていて、その規範が子供に植えつけられます。

夫婦仲が良ければ、男の子にとってのあるべき男とは、パパのような男性、すなわち「ママに愛される男」だという場合もあるでしょう。夫婦仲が悪ければ、パパみたいなのはダメで、「ママが愛されたいと思っている男」があるべき男のモデル、ということにもなるでしょう。つまり親がもっているジェンダー観が、子供に引き継がれます。もちろん、パパとママで、あるべき男、あるべき女の姿がそれぞれ違うこともあるでしょうから、子供に受け継がれるジェンダー観は複雑です。

母親のもつジェンダー観をまるきり引き継いで、父親のそれはあまり引き継がない場合もあるでしょうし、その逆もあるでしょう。父親、母親のジェンダー観を混ぜこぜにして受け継ぐ場合もあります。

確かに思春期には、自我の芽生えとともに、理想とされる男性像、女性像に多少の修正は加えられるでしょう。しかしながら、ベースは自分の父親、母親のそれです。

無意識に埋め込まれた欲望、母親に愛されたい、父親に愛されたい、そのために私はこうでなくてはいけない、という思い込みは非常に強烈なもので、ほとんど強迫観念のようになり、そのままジェンダーの基礎になるはずです。

その意味で幼年期は、その人のジェンダー、セクシャリティに決定的な影響を与えるのです。

場合によっては、大人になり、そのような自分の無意識の刷り込みと、自分のやりたいことが乖離する場合も多くあります。いわゆるセクシャルマイノリティとしていろいろと苦労することになるのでしょうが、やはり彼らにとっても、幼年期のジェンダー、セクシャリティの刷り込みが大きなものであることは、間違いがないところです。

そしてジェンダー観が一番問題になる場所、実際の恋愛の場面では、転移が起こり、かつて父親、母親のジェンダーをコピーした幼年期の心情が問題になります。場合によっては、その時の葛藤が噴出する場合もあるでしょう。

精神分析にとって、ジェンダーは甚だ厄介なものですが、その成り立ちを考える際に、非常に面白い視点であることは間違いありません。もちろん精神分析の理論の中には、かなりの無茶もあるので、どこまで正しいのかはなかなかわからないのですが。

このように、精神分析的な視点はヨーロッパの恋愛観に大きな変更を促しました。その成否はさておき、とにもかくにも恋愛とはかつての親子関係の反復である、という強烈なテーゼを提出してしまったわけです。

もちろん、この議論はヨーロッパ産の議論で、どこまで日本人に当てはまるのかわかりません。そもそも精神分析の理論それ自体が、西欧の中でさえ、かなり胡散臭い発展を遂げたことは確かです。

当初は医学、科学の体裁をとっていた精神分析ですが、今となってみれば、それは一つの物語、さらには「神話」であった、とさえ言えるかもしれません。

しかしながら、恋愛論の歴史的記述を試みる我々にとっては、精神分析が神話だろうが理論だろうが、大した違いはありません。ギリシャ、ローマの神話のあり方が恋愛に大きな影響を与えたのは、これまで見た通りですが、精神分析もやはり恋愛のあり方に大きな影響を与えた、と考えれば良いだけです。

古代ギリシャ・ローマ神話、キリスト教、中世宮廷恋愛からロマン主義的恋愛、そして精神分析と、ここまで西欧の恋愛観の変遷を見てきました。そしてキリスト教的、ロマン主義的な恋愛観が明治期に日本に輸入されたことも見ました。

最後にこうした西欧の恋愛観の変遷、日本によるその受容を踏まえた上で、現在の日本の恋愛観について少し考えてみましょう。

19　実はジェンダーの概念そのものを精神分析の理論に組み入れようとすると、様々な議論が巻き起こります。自我、超自我などの無意識の構造のどこにジェンダーを置けば良いのか、など非常に微妙な問題が多く、あえてジェンダーという言葉を避ける傾向もあります。ここでは精神分析の理論的な闘争に立ち入らずに、かなり話を単純化しています。エリザベス・ライト編、『フェミニズムと精神分析事典』、岡崎宏樹・中野昌宏・樫村愛子訳、多賀出版、２００２参照。

第8章　現代日本の恋愛

ガラパゴス化した日本の恋愛

古代ギリシャから始めて、ついに現代日本に到達です。歴史のうねりの中でいろいろな恋愛観の栄華盛衰がありました。その文化的な蓄積、忘却があり、あるものが国境を越え、時代を超え、変質し、進化し、誤解され、そして現代日本までやってきたわけです。

この章では、その現代日本の恋愛を分析してみようと思います。しかしながら、これは本当に難しい課題です。困難を極めます。なぜなら、まずは「恋愛」という言葉そのものの意味が、日本ではよくわからないから。西洋的な恋愛をわかったふりをし続けてきた伝統が用語の混乱を生み、事態が複雑化しているのです。

根本にあるのは、第6章で見たような、「イデアなき恋愛」「ロマン主義的な理想（無限、イデア、彼方）なき恋愛」「個人主義なき恋愛」という状況で、これはヨーロッパの恋愛の定義から言えば単なる語義矛盾です。それはヨーロッパ的な恋愛史の展開を念頭に置くと、どうしてもわからない、意味不明なものなのです。

しかしながら、明治、大正以降、現在に至るまで、欧米の恋愛物語は、小説、音楽、演劇、映画、ドラマなどを通して山のように輸入され、日本の作家、ミュージシャン、役者、映画監督、劇作家などによって真似され、再生産され続けてきました。クリエーターのレベルでもそうですし、その試みを理解しまとめようとする批評のレベルでもそうです。

例えば、恋愛の社会学的分析といった試みは山ほどありますが、基本的にそれらはヨーロッパの恋愛論をそのまま適用しています。

言うまでもなく、社会学の枠組み、心理学の枠組みは西欧産で、日本人のことなど全く想定していません。そもそも恋愛という言葉の意味が西欧と日本では多分だいぶ違うので、ヨーロッパ的な知の枠組みを使って、日本の「恋愛」を分析すると、原理的に意味不明な言説になります。

そのようにして恋愛をめぐる物語とその批評は、ちゃんと筋が通っていない、不思議な言説を大量生産することになります。

詰まるところ、これは「恋愛」をわかったふりをした、明治、大正以来の知識人の伝統です。意味のわからない翻訳語を作って、西欧人の真似ができた気になっていたわけです。

その上、その事態をヨーロッパで生まれた分析の枠組みを使って分析し、わかった気になり、それが大衆に広まって、恋愛はこういうものだ、という市井の恋愛哲学が次々と生まれます。いろんな人が混乱した用語法を元に勝手なことを言って、それが広まっているのです。

このような事態がどれだけ混乱を極めているのかは、日本語と日本文化を深く学んだ西洋人に聞いてみれば事足ります。

多くの場合、外国の日本通はしたり顔で「こういうのが日本だよね」と答えます。日本特有の文化のガラパゴス化、と言えば良いでしょうか。外から来たものが、島国特有の感性、思考体系で受容され、誤解されたまま、謎の発達を遂げ、意味のわからないオリジナルな何かができあがる、ということです。

これは、ある意味ではすごく皮肉な事態です。なぜなら厨川などの明治、大正の知識人は、ヨーロッパの文化を必死に日本に輸入して、彼らの思想を理解し、そこに追いつこうと命を賭けたわけですが、その結果が謎のガラパゴス化だからです。

逆に言えば、だからこそ文化交流、国際交流というのは面白いわけですね。異質な文化が交差する場では、誤解や誤訳、模倣の失敗はいつだって創造的に機能しうるのです。

そうしたガラパゴス化の結果、日本で生まれたのが世界中で大人気を博しているジャパニメーション、アニメ、マンガなどです。そこでは「萌え」や「キャラ」をキーワードとした日本独自の文化が生まれ、それが世界に大々的に輸出されていきました。

実のところ、この複雑怪奇な現象を綺麗に読み解く方法を筆者は知りません。この点については、外国の日本研究者との対話を通じて、少しずつ説得的な見方を手探りしていくしかないでしょう。より包括的に、多くの外国人日本文化研究者たちとチームを組んで取り組むような研究がないと、なかなか説得的なことが言えないのだと思われます。

　本章では、著者が見る限りにおいて、重要と思われるポイントをいくつか指摘するにとどめておきます。

個人主義なき恋愛

　第６章でも少し取り扱いましたが、ここでも個人主義なき恋愛、ということを考えていきます。

　個人とは、フランスの社会学者フランソワ・サングリーによれば、キリスト教的伝統と、中世宮廷恋愛によって生まれた制度です[(1)]。

　キリスト教では、個人と神の関係だけが重要です。全知全能の神はなんでもお見通しです。嘘はつけません。その神に対して、どれだけの愛をもてたか、どれだけの信仰をもてたか、というのが救済の鍵を握ります。つまり、人目を離れた個人の意識、というものが非常に重要視されます。

とはいえ、中世までは、ヨーロッパの社会は日本の村社会のようなものでした。相互依存が強く、互助組織がしっかりしていて、人々はコミュニティの中で生きていました。だから他人の視線が重要だったので、日本と大して変わらない和合主義はいたるところにあったようです。

しかしながら、キリスト教が個人の意識をもち込みました。それにより、現実の世界を超えた、死後の天上の世界、永遠の次元という考え方が生まれます。個人の意識は、集団の中でいかにうまくやっていくか、という世俗の政治とは違った世界があることを、人々に植え込んだのです。

さらに、そこから発展して、第４章で見たような中世宮廷恋愛が現れます。「我が麗しの貴婦人を愛している」という感情は、世俗の結婚の論理を超えていきます。世俗の論理はあくまで、政治、金銭、権力の話です。そうした政略結婚の論理を超えて、周囲の反対を押し切って、結婚のシステムの外で行われるのが「真の恋愛」でした。

そうした恋愛制度のもとで、周囲の視線を無視した、自分たちだけの世界の意識、個人の意識が非常に重要になってきます。

この中世宮廷恋愛がロマン主義に発展し、それが革命の進展と共に民衆に行き渡ることによって、個人主義的な方向性がさらに強くなります。そのようにして、世俗の色恋沙汰の中に、個人の意識、恋愛と本質的に結びついた個人の意識が生まれるに至ったのです。[2]

もちろん日本にはそうした個人は存在しません。全ての個人的な意識は、世俗の世界の論理に流されます。人々はその矛盾の中で苦悩しはするのですが、世俗の論理を超えた個の意識は発達しませんでした。もう少し正確に言えば、個の意識は、宗教界の修行僧や独創的なアーティストの中にはある程度存在したものの、民衆レベルの意識に根を下ろしはしませんでした。

当然、その中で行われる恋愛も、常に周囲の目を意識し、集団の論理に回収されざるを得ないものであったはずです。

しかしながら、明治後期から大正時代にかけて、西欧的な恋愛の真似事を必死にやっていたのは事実です。西欧的な「個人」「自由」「平等」「人権」といった思想を輸入し、そうした概念をもとに社会の仕組みを作り上げたのも事実です。

その中で日本人の心は変わったのか？

これは難しい問題ですが、ある程度は変わった、ということはできるでしょう。なぜなら、制度がある程度人の心に変化を与える、というのは本当のところだからです。と同時に、１

000年以上の蓄積がある言語文化、コミュニケーション形態や心のありようが、すぐにガラリと変わるとも思えません。

恋愛という制度、個人をベースとした近代的恋愛を輸入した際に、ある程度の個人の意識の芽生えはあったのでしょうが、それは日本特有の言語文化の中に回収され、西欧人には意味不明のガラパゴス化が起こった、と考えるのが妥当でしょう。

だからこそ、西欧人は日本学と称して、そうした日本人ならでは特性を研究しているわけです。そこには、オリエンタリズム的な好奇心も活発に働いています。悪い言い方をすれば、珍奇なものとして見ている、ということです。当然日本人の個の意識も、そうしたガラパゴス化を経た珍奇な文化現象であるのです。もちろん、礼儀上そんな失敬な言い方はしないのですが。

1 François Singly L'individualisme est un humanisme Aube, 2005
2 ドニ・ド・ルージュモン、『愛について　エロスとアガペー』、鈴木健郎・川村克己訳、平凡社ライブラリー、1993

甘えの理論、縦社会の人間関係

そうした日本的な個人の意識を捉えるのに有効な考え方として、まあ山ほどありますが、例えば土居健郎の甘えの論理や、中根千枝の縦社会の人間関係、といったところが有名でしょうか。(3)

甘えの論理ですが、土居はこう主張します。

日本は「甘え」という相互依存の関係性がコミュニケーションルールの基礎にある。お互いさま、おかげさまで、という関係をいたるところに作り、お互い、相互依存のコミュニティの中で空気を読み、集団への同調が行動原理になる、ということです。義理、人情も、そうした甘え＝相互依存の一つの形態になります。

そして日本人には、そうした「甘え」、もちつもたれつの関係性をコントロールをする術を学ぶことが求められます。日本的な「和」の作り方を長い間かけて学び、成長していく、それが成熟の過程だ、ということになります。

当然そこに「個」の思想が生まれるはずもありません。やはり、出る杭は打たれる、「個」を発揮すれば潰される社会です。(4)

そしてそのような社会的圧力は、「タテ社会」という枠組みで大体捉えられます。先輩後輩関係、師匠弟子の関係、その関係を前提とした敬語システム、全てはタテ社会の産物です。社会学者の中根の理論も、土居の理論と同じくいろいろな批判はありますが、その多くは、精密にはそんなことを言えない場合がある、というタイプのもののようです。裏を返せば、大枠においては土居や中根の方向性は間違っていない、ということです。

実際、日本に来ている西欧からの留学生に様々な日本人論を講義で説明すると、一番反応が良いのが土居と中根の論理だという感触があります。といっても、これは一教師の雑観に過ぎず、統計的な裏付けはありません。

ともかく、個の確立を拒む社会的、文化的な伝統、コミュニケーションのやり方が日本語圏言語文化には強く存在する、ということです。

3　日本文化の特質に関する本については枚挙にいとまがないのですが、総括としては、文化人類学者である青木保の『「日本文化論」の変容　戦後日本の文化とアイデンティティー』、中公文庫、1999、が最も包括的でおすすめです。遠山淳・中村生雄・佐藤弘夫編、『日本文化論キーワード』、有斐閣双書、2009、なども問題を整理するのに役立ちます。

4　この問題意識も、日本人的な「甘え」という言葉は欧米人にはない、だからこれが日本の特性だ、という観点からセンセーショナルな議論を引き起こしたのですが、後に土居自身も認める通り、甘えは外国にもある、というところで日本人論としてはトーンダウンしたところがあります。結局のところ程度問題、ということになるのでしょうか。

自我概念の輸入と恋愛の輸入

ヨーロッパにあっては恋愛と分かち難く結びついた個の意識、あるいは自我という概念ですが、恋愛概念と同じく、日本の知識人は、特に文学の領域において、西欧の近代的自我を輸入しようとして、失敗してきました。

その代表的な例は、夏目漱石や森鷗外、芥川龍之介や横光利一といったところでしょうか。さらには太宰治などを含めた私小説の作家の文学的営為も、ある意味では近代的自我を打ち立てることに失敗している症例として見ることができます。

例えば酒井潔は、思想史的な観点から日本と西欧の「自我」を比較検討し、このように述べています。

「自我」という概念がわれわれの自前のものではなく、西洋近世の哲学を出自としており、それを先人たちが明治以降輸入したものであること、したがってそれはもともとわれわれの身体に合わないものであって、…身の丈に合わない〝自我〟という「制服」だ

けを着用し続けることにはもう限界が見え始めているのではないか。(5)

細かいことを言えば、多少のニュアンスの違いはあるのですが、本書で取り扱っている個人主義は、まさしくこうしたヨーロッパ産の「自我」概念と同列のものとして見て良いでしょう。

自我概念も、個人主義も「身の丈に合わない制服」であるとすると、「恋愛」はその制服に合わせて作られたレインコートのようなものです。もともとの体に合っていないので、ちょっと横から雨風が叩きつければ体はずぶ濡れ、転んだらすぐに脱げてしまうようなものだったのです。

しかしながら、そのレインコートは、時代を経て進化し、日本人の体に奇妙にフィットして来ているようにも思えます。いくつか例をあげて見てみましょう。

5 酒井潔、『自我の哲学史』、講談社現代新書、2005、p. 242。またこの点については小林敏明、『〈主体〉のゆくえ 日本近代思想史への一視角』、講談社選書メチエ、2010も参照。

恋愛輸入の最終形態――村上春樹という現象

明治以降、近代的自我の打ち立てを試みて失敗してきた日本人ですが、私見では、昨今の日本において、村上春樹ほど自我の問題に真剣に向き合い、行動し、そこから自らの芸術作品を生み出した作家も見当たりません。そして春樹ほど90年代、ゼロ年代のアニメ、マンガの世界に影響を与えた作家もいないでしょう[6]。

日本から離れ、その小説の多くを海外で執筆する、という村上春樹の創作姿勢は、そのことをよく物語っています。つまり文壇の日本的な和合主義、ズブズブの縦社会、蛸壺社会から抜け出して、村上春樹は海外で小説を執筆し続けたのです。

１９９９年のインタビューで、村上春樹は自らの作家としての営為をまとめて次のように言っていました。

「僕にやれるのは自分を個として確立しつづけることですね。さっきも言ったようにそれ（自分を取り囲む状況、風俗）を飲み込み、自分を異化し、そして価値観を検証する、それだけですね。限りなくそれをやっていくしかない[7]」

村上春樹はそのようにして、日本的な自我の確立を阻む要素を遠ざけ、まさに一人で自分自身と向き合い、その精神世界を掘り下げていくことになります。このような態度は小説内の人物の口からもよく溢れてきます。

例えば、村上春樹の文学世界の一つの到達点である『１Ｑ８４』から例を取ってみましょう。

「結局のところ」と年上のガールフレンドは言った、「自分が排斥されている少数の側じゃなくて、排斥している多数の側に属していることで、みんな安心できるわけ。ああ、あっちにいるのが自分じゃなくてよかったって。どんな時代でも、どんな社会でも基本的に同じことだけど、たくさんの人の側についていると、面倒なことをあまり考えずにすむ」

「少数の人の側に入ってしまうと面倒なことばかり考えなくちゃならなくなる」……

「でもそういう環境にいれば、少なくとも自分の頭が使えるようになるかもしれない」

「自分の頭を使って面倒なことばかり考えるようになるかもしれない」(8)

漱石の『吾輩は猫である』の中に、よく引用される名言があります。「吾人は自由を欲して自由を得た。自由を得た結果不自由を感じて困っている」というものです。ここには、近代的な自我を確立しようとして苦悩した、漱石のたどり着いたユーモラスな視点が見事に表現されています。

自由とは、近代的な自我が到達すべき目標です。共同体が押しつけてくる社会的な慣習を破壊し、理性と論理を武器に、より良い社会を自分が作り、さらなる自由を得る、という革命以来の個人主義ですね。

しかし、相変わらずの和合主義に囚われざるを得ない日本人にとってみれば、自由などというのは罠でしかありません。自由なんてものを目指したとたん、ほぼ確実に村八分が待っているからです。近代的自我の確立は、日本人にとってはやはりえらく難しい企てで、肌に合わないものなのです。

ところが村上春樹は、この困難な課題に身一つで取り組んできました。共同体の外に出て、文壇による村八分を引き受けて、自分の頭で考えること。それは近代的な自我の確立を目指すことです。

しかし、そうすると面倒なことばかり考えざるを得ない。社会の慣習に沿うだけではすまない。

自分の理性、知性、感性を頼りに、自分の人生を自由に作ること。社会の慣習から自由になること。それを日本人として日本語環境で行うのは、ほとんど不可能事なのですが、村上春樹は自ら外国で生活し、自分の生き方を確立し、独特の僕の世界、一人称の文体と世界観を作ることによって、なんとか自我を打ち立てようとするわけです。

6 宇野常寛、『ゼロ年代の想像力』、早川書房、２０１１
7 『ユリイカ臨時増刊号 村上春樹の世界』、青土社、１９９９、p.37
8 村上春樹、『１Ｑ８４』Book1、新潮文庫、２０１２、p.175–176

真摯な挫折

そうした春樹独自の闘争の中で、彼が行き着くのは不思議なことに愛の問題です。彼は、そうした自我の確立作業の総決算とも言える『１Ｑ８４』という長編小説について、次のようにインタビューで答えています。

僕はとても暗い物語を書くことがあります。とても血なまぐさくて、残忍な物語です。

でも僕の登場人物たちに共通しているのは、愛を信じているということです。すごくシンプルなことですが。彼らは愛を信じています。彼らはどこかで、愛が問題を解決すると信じているのです。そういうところは楽観的ですよね。あなたは愛を信じていなくちゃならない。それは良い物語のコアにあるものです。(9)

村上春樹は、フランスの文芸雑誌の村上春樹特集号で、同様の内容をフランス人のインタビュアーにも語っていますが、インタビュアーが面食らっているのが目に浮かびます。キリスト教、ロマン主義と愛の文化の蓄積がある中で、例えばこんなことを言う作家がいるとして、この作家は今さら何を言い出すんだ、という感じになるでしょう。

春樹のこうした言葉は、フランス人の読者にはおそらくほとんど届きません。なぜなら、春樹は日本語文化圏の中で仕事をしており、自我も主体も個人主義もないところで、西洋的な恋愛を立ち上げようと孤軍奮闘しているけれど、そこで立ち上げられる愛は、西洋では非常に平凡なものに過ぎないからです。それを春樹は自分の小説世界のコアであり、オリジナリティだ、という体で自らの芸術的営為を説明します。

確かにそれは、日本人にとっては新たな領域の開拓なのですが、西洋人にとっては、過去の遺物、とまでは言わなくとも、少なくとも新しいもの、オリジナリティのある考え方ではない。

とはいえ、こうした愛に対する態度は、『1Q84』でも一つの大きなテーマとして小説内に組み込まれます。

「僕は誰かを嫌ったり、憎んだり、恨んだりして生きていくことに疲れたんです。誰をも愛せないで生きていくことにも疲れました。僕には一人の友達もいない。ただの一人もです。そしてなによりも、自分自身を愛することすらできない。なぜ自分自身を愛することができないのか？　それは他者を愛することができないからです。人は誰かを愛することによって、そして誰かから愛されることによって、それらの行為を通して自分自身を愛する方法を知るのです(10)」

アドラー心理学などを下敷きにした自己啓発本に書かれていそうな内容が、ここには書かれています。言ってみれば、非常に凡庸な内容です。

しかしながら、こうしたテクストには、村上春樹独自の色と深みがあります。それは一言で言えば、隔絶した個の世界を日本語環境で作り上げようとして、自分自身を掘り下げていった点です。「一人の友達もいない」世界、その自意識を春樹は作品で描き続けます。それは独特の自閉空間であると言えます。

実際、この自閉空間は、村上春樹が、羊三部作や、その後に続く小説において、「僕」という一人称語りのスタイルを通じて、作り上げたものです。

それは当時の批評家からは「外部がない、他者とコミュニケーションする気がない、自閉症的」などと批判されたりもしたのですが、そんな批判などはどうでも良いでしょう。日本語環境の中で徹底した自我の確立を目指し、それは結局うまくいかないのですが、それでもギリギリのところまで突き進む。村上春樹を優れた作家にしているのは、この挫折です。この挫折が真摯なものであればあるほど、そこからコミュニケーションを求め、何らかの「愛」を求める欲求が真摯なものになってくるからです。

9　村上春樹、『夢を見るために毎朝僕は目覚めるのです　村上春樹インタビュー集　1997-2011』、文春文庫、２０１２、p. 562

10　村上春樹、『１Ｑ84』Book3、新潮文庫、２０１２、p. 229

個の立ち上げと恋愛の成立

『1Q84』のヒロイン・青豆も、日本人女性として格段に自立しています。彼女は、DV被害にあった女性のために、被害を与えた男性を殺害するという、血で血を洗う闘争に身を投じるテロリストのような仕事をしています。その孤独感、独立独歩の姿勢、男性に依存することを存在全体で拒否している姿は、非常に印象的です。

その青豆が見る夢は以下のようなものです。

三つめの夢は言葉ではうまく表現できない。とりとめがなく、筋もなく、情景もない夢だ。そこにあるのはただ移動する感覚だ。彼女は絶え間なく時間を行き来し、場所を行き来する。それがいつで、どこであるかは重要な問題ではない。それらのあいだを行き来することそのものが重要なのだ。すべては流動的であり、流動的であるところに意味が生まれる。しかしその流動の中に身を置いているうちに、身体は次第に透明になっていく。手のひらが透けて、向こう側が見えるようになる。身体の中の骨や内臓や子宮も視認できるようになる。このままでは自分というものがなくなってしまうかもしれない。自分がすっかり見えなくなってしまったあとに、いったい何がやってくるのだろう

と青豆は考える。答えはない。(11)

「移動する」というのは青豆の自我の確立のキーワードです。青豆は小説の冒頭近くで「私は移動する。ゆえに私はある」と言っています。時間と場所を移動する、その移動の中で「身体」が独特の意味をもち、自我の確立の基盤になります。しかしながら夢の中では、主体の確立はその根拠のなさを露呈し、「身体」は透明になり、その実在性を失っていきます。

青豆は、そうした主体の崩壊の危機をくぐり抜け、自分を立ち上げることを目指します。

私は誰かの意思に巻き込まれ、心ならずもここに運び込まれたただの受動的な存在ではない。たしかにそういう部分もあるだろう。でも同時に、私はここにいることを自ら選びとってもいる。ここにいることは私自身の主体的な意思でもあるのだ。

彼女はそう確信する。そして私がここにいる理由ははっきりしている。理由はたったひとつしかない。天吾と巡り合い、結びつくこと。それが私がこの世界に存在する理由だ。いや、逆の見方をすれば、それがこの世界が私の中に存在している唯一の理由だ。あるいはそれは合わせ鏡のようにどこまでも反復されていくパラドックスなのかもしれない。この世界の中に私が含まれ、私自身の中にこの世界が含まれている。(12)

このような言説は、無論外国語に翻訳してもそれなりの説得力があります。だからこそ村上春樹は世界中で売れているわけです。

とはいえ、ここには翻訳不可能なものも入っています。それは日本語環境で自我を打ち立てることの困難さと、それに対して村上春樹が全力で立ち向かい、挫折し、それでも歩みを止めない、という姿勢です。

それは主体の確立、個人として生きることが前提となっている欧米人にとっては、よく意味のわからない困難さです。

村上春樹は、このように主体の確立の企てから、恋愛物語を立ち上げます。その意味では、欧米の伝統に沿った恋愛を立ち上げようともしているのです。個の立ち上げと恋愛の成立、ロマンティッククラブの成立の要因ですね。これは、日本に輸入された恋愛の最終段階とも考えることができます。

11　村上春樹、『1Q84』Book5、新潮文庫、2012、p.196

12　村上春樹、『1Q84』Book6、新潮文庫、２０１２、p. 230

ヨーロッパかぶれの批判

村上春樹ブームが起きた80年代後半、『ノルウェイの森』を頂点として、こうした擬似主体の立ち上げと恋愛を組み合わせた物語は多くありました。そしていまだに、こうしたタイプの恋愛物語は生産され続けています。それは、見た目上はヨーロッパのロマンティックラブに近いのですが、おそらくは全く別ものです。

実際問題、自分の自閉空間の中で立ち上げられた恋愛というのは、勢い「僕」の世界のマスターベーション的なコミュニケーションのあり方になってきます。

蓮實重彥や柄谷行人など、大御所の批評家が批判していたのは、こうした村上春樹の他者性のなさです。簡略化して言えば、結局自己愛だらけで気持ち悪い、ということですね。春樹の文学には、他者とのコミュニケーションなんてない、というタイプの批判です。

こうしたタイプの批判は、一笑に付して良いでしょう。

その理由は以下のようなものです。

この批判は、ヨーロッパの他者論をベースにしています。ものすごく単純化して言うと、他者論とは、主体の哲学、デカルトから始まりカントやらフッサールやらに至って大問題になったものです。

ざっくり言って、自分をがっしり立ち上げた、すると他者のことがわからない、他人とコミュニケーションを取るのはえらく難しい、という話になります。つまり、主体の立ち上げがベースとしてあり、主体の哲学を確立した後で問題になるのが他者論なのです。

もちろん日本人には他者論は扱えません。そもそも、主体そのものの立ち上げを拒否しているからです。汚い言葉で申し訳ないですが、他者もクソもないのです。

従って上記の村上批判は、ヨーロッパかぶれの戯言でしかないと言えます。フランス文学、哲学を専攻している著者にとっては耳が痛いことここに至る、という感じです。

セカイ系の元祖

では、村上春樹的な自閉空間の中で起きた恋愛とは何なのか？

面白いことに、村上春樹的な恋愛物語はセカイ系として、後々アニメやマンガの世界で花開きます。セカイ系とは、自分と彼女の関係が世界の存亡に関わる、というタイプの物語群で、『新世紀エヴァンゲリオン』をはじめ『最終兵器彼女』『ほしのこえ』などの名作を生み出します。

確かに、そのような自閉空間の中で描かれる恋愛には、マスターベーション的なところがあります。しかしながらここに、日本的な恋愛の形、ガラパゴス化した恋愛の形を見ることも可能です。キーワードは「キャラ萌え」です。

キャラというコミュニケーション手段

「キャラ萌え」を考える前に、「キャラ」について見ておきましょう。

例えばキャラクターとキャラの区別という考え方があります。主にマンガ評論家の伊藤剛が、マンガ批評のために作った概念です。実は、よく考えるとわかりにくい概念で、分析道具としてちゃんとしているか、なんとも言えないところがあります。

伊藤剛によれば、キャラクターとは、物語の中の作中人物で人格をもっています。ある種の一貫性がある人格、まあ、もちろん悩みも不安もあるのですが、それを含めてなんとか頑張っている人格です[13]。

矛盾した欲望やら、無意識を抱えているのですが、それでもちゃんと現実と折り合いをつけて、責任を取ることができるのがキャラクター。言って見ればある種の人格、もっと言って、ある主体である、ということです。

これは、物語の展開と密接に結びついていて、いわば物語が規定する人格であり、物語の外に出ることはありません。

それに反してキャラとは、キャラクターよりももっと表層的です。マンガのキャラとは、そうした深層意識の矛盾とか、人格とはかもう吹っ飛んじゃって、「おもしろキャラ」「ネガティヴキャラ」「ぶりっ子キャラ」、あるいは「鼻でかキャラ」のように、人格の一属性やら身体的な特徴のことです。

この属性は一つの物語によって規定されているわけではなく、物語の外に出て、例えば2次創作の場であっても、さらには現実のコミュニケーションの中でも機能します。

ところで、この「キャラ」ですが、若者論の文脈では、コミュニケーションの中で絶対的な役割を担っています。

近年のSNSの普及以降、日本ではムラ社会的な傾向が強く出てしまっている、と言われています。[14]

24時間体制で、相手の行動が把握できて、かつ陰口を叩くことができるシステムがSNSですが、これは日本的なムラ社会を加速させます。すると、若者はますます日本的な「空気を読む」コミュニケーションを取り、出る杭は打たれる傾向が強くなります。若者はグループ内でいい空気を作り出すために、自分のポジションを確立し、自分のキャラを作る傾向が出てきます。

荻上チキの言葉を借りれば、学校が「終わりなきキャラ戦争」の行われる場所となるわけです。[15]

精神分析医で、自身、戦闘少女のキャラ分析で名をあげた斎藤環はこのように言っています。

ある調査によれば、教室には生徒の人数分だけのキャラが存在し、それらは微妙に差異化されながら、「キャラがかぶらないように」調整がなされているという。

具体例としては「いじられキャラ」「おたくキャラ」「天然キャラ」などが知られている。どんなキャラと認識されるかで、その子の教室空間内での位置づけが決定する。平和で楽しい学校生活を続けていく上では、もはやキャラなしではやっていけない、というのが、大げさではなく実情なのだろう。[16]

ＳＮＳ時代の過剰なコミュニケーションで求められる要素は、メッセージ内容の軽さ、短さ、リプライの即時性、頻繁かつ円滑なやりとりなどですが、それはお互いの「明確」なキャラを前提としているのです。[17]

そして臨床医師として、斎藤はその状況を、多重人格に重ねていきます。

僕の考えでは、もっとも「キャラ」に近い存在とは、解離性同一障害（ＤＩＤ＝多重人格）における交代人格だ。私見ではあれは「キャラに近い」どころではない。むしろ「キャラそのもの」である。[18]

以前のようなムラ社会は、近代化、グローバリゼーションを経て大きくその形を変えました。インターネット革命により世界がつながった結果、そうしたムラ社会的なコミュニケーションは跡形もなく消失しそうですが、実際はムラ社会が複数化し、島宇宙化しただけでした。そして、個々の島宇宙でムラ社会的なコミュニケーションが加速したようです。というのも、ＳＮＳによって村八分がより効率的、陰湿に行われるようになったので、グループの成員は仲間の空気に過剰適応せざるを得ないからです。すると「キャラ」を通じた表層的なコミュニケーションが先鋭化していきます。キャラはまさしく、多重人格障害をもつ人の交代人格と化すわけです。

もはやキャラなしでのコミュニケーションが成り立たない、和合主義的な傾向が強くなり、複数のコミュニティの和を乱さないようにするためには、人は多重人格にならざるを得ない、ということですね。

13　伊藤剛、『テヅカ・イズ・デッド』、講談社、２０１４
14　原田曜平、『近頃の若者はなぜダメなのか　携帯世代と「新村社会」』、光文社新書、２０１０
15　荻上チキ、『ネットいじめ　ウェブ社会と終わりなき「キャラ戦争」』、ＰＨＰ新書、２００８
16　斎藤環、『キャラクター精神分析　マンガ・文学・日本人』、筑摩書房、２０１１、p.18–19
17　前掲書、p.30
18　前掲書、p.44

創作がコミュニケーションのあり方を規定する

そしてキャラというのは、主にマンガやアニメから主に出てきた文化的な産物です。すなわち、今の若者のコミュニケーションの型、コミュニケーションの主要な道具となるものを、マンガ、アニメが提供してきた、ということです。

若者は、グループの中での自分の立ち位置を判断するのに、あるいは仲間のグループの中での立ち位置を判断するのに、マンガ的、アニメ的な枠組みであるキャラを用いるのです。

創作がコミュニケーションのあり方を規定する、というのはよくある話です。それこそ19世紀にヨーロッパでロマン主義的恋愛小説が流行り、それが恋人同士のコミュニケーションの型を与えていたのは、いい例です。

同様に現代日本では、アニメ、マンガ的なリアリティー、キャラのあり方、さらにはそこから生まれたライトノベル的なリアリティーが[19]、実際のコミュニケーションにおける型を提供している、ということです。

19 「ゲーム的リアリズム」については、東浩紀、『ゲーム的リアリズムの誕生　動物化するポストモダン2』、講談社現代新書、2007、がメルクマールとなることは確かです。

キャラ萌え

このようなキャラを通じたコミュニケーションが行われる中で、あるいはそれと同時進行で、マンガ、アニメの中で「キャラ萌え」なるものが生まれてきます。

物語が規定する人格＝キャラクターはもうどうでも良い。つまり、人間としての深み、心理的な葛藤などはかなりどうでも良いわけです。もっと単純な属性、「ツンデレ」キャラや「お嬢様」キャラ、「スポーツ万能」キャラ、「おバカ」キャラなどが、萌えキャラとして出てきます。

「萌え」というのは、可愛いと思える、ということですが、その萌えキャラに対して恋愛のイメージが重ね合わされます。多種多様な萌えキャラがあり、そのキャラに対するコミュニケーションのやり方があって、そこで恋愛の型が出てきます。

例えば新城カズマは、『ライトノベル「超」入門』の中で、作家としてキャラの造形をする際に気をつけなければならないこととして、以下のように指摘しています。

「近代文学のキャラクター＝何かを選択し決断する、内面やら人格を持った人物」は…「ゲーム的世界観の中のキャラクター＝（任意の状況における）所作事や決め台詞の束」へと再解釈されなくてはいけなかった。[20]

本書の言葉で言えば、自我をもった主体、日本人にとってはハナから無理であった主体の立ち上げを完全に諦めたのちに、コミュニケーションの型としての「キャラ」を仕上げて、初めて作品が動き出す、ということです。

そのように内面を欠いた「型」を、「可愛い」と思う、すなわち「萌える」わけで、そこから日本的恋愛システムが駆動します。こうして「萌え」は恋愛感情の出発点を定め、方向づけするわけです。

この「萌え」は、スタンダールならば、恋愛の第1の結晶作用により、意中の女性が恋する人の精神の中で増殖して輝きを増し、そして第2の結晶作用、不安や嫉妬の作用によって至高のものとなった感情である、とでも言ったことでしょう。

しかし、そうしたロマン主義的な恋愛観には、当然のように悩み、苦しみ、判断する「主体」なるもの、「人格」なるもの、さらには他人とは隔絶した「個」が前提としてあります。「キャラ萌え」にあっては、そのような「個」が消失し、コミュニケーションの型となった「キャラ」に対して「萌え」、さらには「可愛い」が付随して、その延長で「恋愛」が作り出されていくことになります。

20　新城カズマ、『ライトノベル「超」入門』、ソフトバンク新書、2006、p.132

キャラに接ぎ木されるロマン主義的な恋愛表象

マンガ、アニメのキャラが生み出したコミュニケーションの形態に、西欧から輸入されたロマン主義的な恋愛表象が次々と接ぎ木されていきます。

例えば、「ドジっ子」キャラ、「イケテナイ女の子」キャラ、また、貧乏娘キャラが王子様キャラに出会い、ロマンティックな恋愛物語が始まる、というのは少女マンガの基本形態です。『君に届け』『花より男子』など枚挙にいとまがないですね。

あるいは、陰気キャラの男の子が修業して強くなり、ツンデレキャラの女の子をものにする、という少年マンガも多くあります。

また、日本ではありえないほど、自分を押し通す個人主義のヒーローキャラが、妹キャラや巨乳キャラの愛を得る、というタイプも多く見受けられます。

物語の中で、恋愛そのものが直接描かれなくても、それを匂わせるだけで十分です。『ワンピース』『ブリーチ』など「少年ジャンプ」系のマンガには、大抵こうしたタイプの恋愛要素がちりばめられています。

いずれにせよ、ある種の交代人格としてのキャラ、その場の雰囲気に合わせたコミュニケーションの型としての「キャラ」に、西欧で培われたロマンティックラブの物語の表層部分だけが継ぎ足されていきます。

表層部分というのは、例えば『ロミオとジュリエット』のように、恋人が対立するグループに属していたり、あるいは恋人が不治の病を抱えて、死ぬ間際に永遠の愛を誓い合う、という物語の形式です。

主体になる以前のキャラ、それに対する「萌え」＝欲望の高まりがあって、そこにロマン主義的な要素が接ぎ木されていく。それが「キャラ萌え」的な恋愛になり、高度に洗練されていきます。

この洗練の過程をここで詳しく取り扱う余裕はありませんが、これは個人主義なき恋愛が、日本でガラパゴス的に発展していった非常に面白い例でしょう。

キャラとポストモダン

これまで「キャラ」という道具立てに沿って論を展開してきましたが、実は著者としては、ある種の居心地の悪さを感じずにはいられません。というのも、日本におけるポストモダン的言説の意味不明さというのがあり、そもそも大きな物語＝モダン、大きな物語の消失＝ポストモダンという枠組みも、かなり怪しいところがあるからです。

そうした概念区分によって立つ「キャラ」というのも、おそらくちゃんとした概念とはなっておらず、[21] かなりキワモノだと思われます。言ってみれば日本の西欧コンプレックスが生んだ謎の言説の一つなのです。

この点について少し補足しておきましょう。

21　何がちゃんとした概念で、何がちゃんとしていない概念なのか、というのは議論の分かれるところです。ここでいう「ちゃんとしている」というのは、精緻な議論に基づいて、矛盾のないことが十分に検証されている、くらいの軽い意味です。

日本におけるポストモダン、主体の消失とキャラ概念の怪しさ

ポストモダンとは何かというと、西洋の主体の哲学に対するある種の反動です。

西洋では、19世紀までに主体の哲学というのができあがります。そしてこれが市民社会の原理になります。途方もなく長く複雑な議論があるのですが、要するに自分でちゃんと意見をもって、自分で責任をもって、自由に生きる、という話です。これは市民革命以降の、市民の道徳原理でもあります。

19世紀から20世紀まで、西欧で主体の哲学はものすごくよく信じられていました。みんな

信じていることすらわからずに、盲信していた、と言っていいかもしれません。

ところがポストモダンになると、そんな主体など実は嘘だった、という話になってきます。そこで出てきたのが大きな物語の批判です。

正義、道徳、自由、個人と、個人をベースとした市民社会の構築、あるいは国家というのは大きな物語と言われます。それは嘘だった、というのがポストモダンの考え方ですね。

そうすると、主体というのはハッタリだった、という話になり、様々な主体批判の考え方が生まれます。これがフランス現代思想として、ものすごくスタイリッシュでカッコよかったので、日本の知識人に一斉に輸入されました。

ところが、その輸入も恋愛の場合と同じく滅茶苦茶です。なぜなら日本には主体という考え方そのものが、まるで根付いてなかったからです。

当然、主体批判も何も、批判する主体が大してしっかりしていないので、勢い話は迷走するわけですね。

でも、フランス語を駆使して、フランス知識人のロジック、フランス語の分析道具を横文字のまま使って、何かカッコいいことを言った気になっていたのが、日本のポストモダンです。ポストモダン全盛期に学生時代を過ごした著者にとって、その世界は本当に煌びやかでした。

著者は、そうしたポストモダンの言説を大学で一生懸命勉強し、フランスに行って仰天しました。なぜなら本家本元のフランスでは、先生から学生に至るまで、ポストモダンでもなんでもなくて、基本的にはモダンで考えていたし、そこから抜け出そうとも思っておらず、ポストモダンなんて大して重要ではなかったからです。

そこで著者が理解したのは、日本の知識人は、一時期フランスで大流行した言説を、それまでの全ての議論を乗り越えた最先端の言説として盲信していただけである、ということでした。さらに、そうした日本の知識人に自分が取り込まれていた、ということにも気づいて愕然としたものです。まあ、そんな昔話はさておき。

このポストモダンの考え方は、キャラという概念と相性が良いです。なぜなら、主体なんてものはない、分裂した欲望があるだけだ、というノリだからです。

そうした分裂した欲望に形を与えたのがキャラだ、ということで、そうしたキャラを統合する人格、キャラクターなんてのは古くって、それよりキャラが大事、2次創作が面白い、それがマンガ文化だ、という話です。

まあ、これ自体は2次創作が好きな人が、自分の趣味を自己正当化しているだけのところがあり、あまり本気にしなくても良い気がしますが、ある程度は面白い成果を残しています。そこで、次節では、キャラ論に便乗して、キャラとは恋愛文化史的にはどう見えるのか、という分析を試みにしてみました。

この論点は将来的に、「キャラ」という概念の組み直しとともに、多くの外国人研究者と共同でより説得力のある説明を求めるべきところでしょう。

「重い恋愛」とキャラ

キャラと結びついた「恋愛」の分析の前に、「重い恋愛」についても少し見ておきましょう。

現代の学生にインタビューすると、恋愛で一番避けるべきなのは「重い恋愛」だという答えが返ってきます。とある学生は、理想の恋愛のイメージとして、「恋愛とはコントロールされた依存であるべきだ」という、面白い意見を述べていました。

若者に蔓延する、ゴリゴリのロマンティックラブの拒否、重い恋愛の拒否、それから恋愛とはコントロールされた依存である、という定義、こうした現象をヨーロッパ人の学生に話すと、さすが日本だ、という答えが返ってくることが多い。

恋愛とは、そもそも自立した個人同士のものであり、依存とは別ものだ、という意識がヨーロッパの学生には強いのでしょう。そうした主体の欠如＝グループへの依存、「甘え」を前提とした恋愛の意識は、西洋的な恋愛の歴史を無視した、日本的ガラパゴス化を経た恋愛と言えるでしょう。

若者が重い恋愛を避ける、ということは、重い恋愛にそれだけリスクがある、ということでもあります。ＳＮＳ時代のストーカー問題、あるいはＤＶ問題などが示すように、その被害はとどまるところを知らず、大きな脅威としてあることも確かです。

しかしながら「重い恋愛」とは何でしょうか？

それは、キャラを通じて適度な依存関係としての和を立ち上げるのに失敗した、ということだと考えられます。

キャラとは、そもそもがグループの和を乱さないためのものでした。それは同時にグループに依存し、甘えによって崩壊した主体のあり方でもあります。キャラとはグループべったりの表層的な主体の立ち上げ方、あるいは立ち上げる「ふり」である、とも言えるでしょうか。

すると、その関係性が一対一だった場合、その依存、その甘え方が度を越す場合が往々にしてあります。そして片方の甘え、依存が、もう一方にとって耐え難くなった時に、その関係が壊れ、コミュニケーションが破綻し、「重い恋愛」という忌諱すべき事態が発生する、ということでしょう。

こうした例を、いくつかJ－POPの歌詞から拾ってみましょう。

西野カナ『トリセツ』

まず、西野カナのヒット曲『トリセツ』を見てみましょう。これは第2章で見たような、女性のモノ化をキャラとして引き受けた歌だと解釈できます。

この歌は以下のように始まります。

この度はこんな私を選んでくれてどうもありがとう。
ご使用の前にこの取扱説明書をよく読んで、
ずっと正しく優しく扱ってね。
一点物につき返品交換は受け付けません。
ご了承ください。

自分を大事なモノとして扱ってください、という恋愛ソングです。

もちろん、こんな恋愛ソングは外国では冗談でしか受け入れられないでしょう。なぜなら２０００年の長きにわたり、伝統文化が紡いできた「人間」の尊厳、個人の尊厳を否定して、けろっとしていることは西欧では不可能だからです。

フェミニズムが広まって以来、男性中心主義、女性差別は良くない、という話になっているのですが、時代の流れもなんのその、フェミニストたちが全存在をかけて築き上げたものを、根底からバカにしてしまうような歌詞です。

しかしながら日本では、かなりの数の若者が、これを「真面目な」曲として、つまり、自分の恋愛感情が誠実な形で表現されている歌である、と感じているようです。

ここで西野カナは、恋人としての女性の立ち居振る舞いと欲望を、素直に綴っています。

急に不機嫌になることがあります。
理由を聞いても
答えないくせに放っとくと怒ります。

いつもごめんね。
でもそんな時は懲りずに
とことん付き合ってあげましょう。

定期的に褒めると長持ちします。
爪がキレイとか
小さな変化にも気づいてあげましょう。
ちゃんと見ていて。

小さな変化に気づいてほしいだとか、構ってほしいだとか、そうした振る舞いはもちろん西洋の女性にも十分ありうる態度です。

しかしながらここで西野カナは、そうした振る舞い、欲望をもちつつも、理性的にそれを統御する主体としての女性を想定しているわけではありません。体制に逆らって、絶対的な自我を打ち立てるために恋愛する、などという姿勢はここでは皆無です。

ここで西野カナは、かまってちゃんキャラ、ツンデレキャラを演じているだけです。総じてこれは、日本の若い女性が実人生で演じてしまう「可愛い」キャラでしょう。

ロマンティックラブの影

そして、その欲望のカタには、西洋譲りのロマンティックラブの影が色濃く落ちています。

たまには旅行にも連れてって
記念日にはオシャレなディナーを
柄じゃないと言わず
カッコよくエスコートして
広い心と深い愛で
全部受け止めて

ディナーやエスコート、というのは、第3章で見た中世宮廷恋愛から生まれたレディファーストの伝統です。

しかしながら、西野カナが歌う恋愛の世界には、イデアの世界も、至高なる統一性も、絶対的な「私」も何もありません。あるのは、甘えたい、という幼児的欲望が、可愛いキャラに乗って、疾走していくだけです。この場合は男性に依存して生きていく気満々である、と見ていいでしょう。

この広い心と深い愛には、個人と個人の断絶と、その乗り越えといったロマン主義的、個人主義的な恋愛観はゼロで、単に甘えさせてほしい、それをわかってほしい、それを忖度して付き合ってほしい、ということでしょう。

暗黙のルール化した共依存＝建前

歌の最終部の歌詞は、そうした依存的な態度を裏付けています。

これからもどうぞよろしくね。
こんな私だけど笑って許してね。
ずっと大切にしてね。
永久保証の私だから。

どうぞよろしく、というのは「自分にとって心地よい、有利な状況を用意してくれるよう、よきに計らってほしい」という意味です。すなわち甘え＝依存を相互に許容する共同体を作りましょう、共依存のルールを作りましょうということです。

そしてそれが暗黙のルール化すれば、そこから建前が生まれてくることになるでしょう。今度はその建前に縛られつつ、コミュニケーションが行われることになります。「どうぞよろしく」という表現は、そのような相互依存の日本的コミュニケーションのあり方をよく表しています。

ここに西洋からきた恋愛概念が接続され、ロマン主義的な道具立てが付け加わります。そこで生き抜く術がキャラということになります。

西野カナが歌い上げるのは、そうしたコミュニケーションの中で必要となる、日本的な甘え、相互依存の関係性と、その相互依存を引き受けるキャラ、愛されキャラでしょう。

この恋愛ソングで歌われている恋愛は、もちろんロマン主義的な「私」の世界、主体性とは関係ない恋愛です。その恋愛を支えているのは、ある種エゴイスティックな欲望であり、それをいかに和合主義の中で実現するかという戦略としての可愛いキャラです。

それは男性とのコミュニケーションがうまく取れていれば、あるいは依存をコントロールできていれば、円滑なコミュニケーションとなり、和が保たれるのですが、その依存が度を過ぎれば、やはりすぐに「重い恋愛」へと横滑りする危うさが、ここには見て取れます。

椎名林檎『幸福論』

次の例は、その天才的な言語感覚で詩人、知識人からの評価も非常に高い、椎名林檎の『幸福論』です。これはＳＮＳが全盛になる以前の曲ですが、やはりキャラ的な恋愛が見て取れます。以下が曲の前半部の歌詞です。

本当のしあわせをさがしたときに
愛し愛されたいと考えるようになりました
そしてあたしは君の強さも隠しがちな弱さも汲んで
時の流れと空の色に何も望みはしない様に
素顔で泣いて笑う君に
エナジィを燃やすだけなのです

本当の幸せ＝愛である、人生の最高の価値が恋愛である、というテーゼはロマン主義的な恋愛観に他なりません。金銭やら政治的闘争やら、親や友達との人間関係、あるいは趣味、人生にはたくさんの幸せの形がありますが、最高の幸せの形が愛である、というのはキリスト教的であり、ロマン主義的であります。

ところが、その愛し、愛されたい、という欲望は、次には、君のことを理解して、それをそのまま受け入れて「愛す」という話になっていきます。

ここで「汲んで」という言葉に注意しましょう。相手の意図を汲む、相手の気持ちを慮る、というのはまさに日本的な配慮の仕方です。相手が言いにくいこと、意地を張っているところ、それを忖度して、和を作ろうとする、日本的なコミュニケーションのあり方です。それは先に「よろしくね」という表現を例に見た、相互依存の形態と同じものです。

そして、その理想のコミュニケーションのモードの比喩として出てくるのが、「時の流れと空の色に何も望みはしない」という表現です。

解釈が分かれるところだとは思いますが、これを単なる対象に対する無関心ゆえに何も望まない、と考えると、この歌詞自体面白くも何ともありません。自分の力ではどうしようもないので、何も望まない、と解釈しても同様です。

ここでは、このフレーズを仏教的に解釈してみましょう。

例えば仏教では、時の流れは老い、病、離別などをもたらすものですが、その時の流れに逆らわず、受け入れるというのは、我を捨て去り、ニルヴァーナ（涅槃）に至る過程で現れる態度です。同様に、空の色に何も望まない、というのも空という自然に逆らわず受け入れる我のあり方、と取ることもできるでしょう。

我を消して、自分に固執せずに、あるがままの世界を受け入れて、それを愛するという恋愛＝幸福というヴィジョンは、仏教的であり、同時にロマン主義的、かつどこかキリスト教的でさえあります。とすると、第６章で見た厨川が考えたような恋愛観、仏教的な宗教の法悦と混同されたロマン主義的な恋愛に近いと思われます。

ここでも恋愛のヴィジョンは洋の東西が混ざり合っている、そんな恋愛論を唱えている、と見ることもできるでしょう。

従属的なキャラ

そして歌詞の次の部分。

本当のしあわせは目に映らずに
案外傍にあって気付かずにいたのですが…。
かじかむ指の求めるものが見慣れたその手だったと知って、
あたしは君のメロディーやその哲学や言葉、全てを
守る為なら少し位する苦労もいとわないのです

身近な世界に幸せ＝愛を発見する、というのも隣人愛的、あるいは仏教的な慈愛も想起させますが、ここで強調したいのはその次です。椎名林檎はここでは、君という存在のメロディー、哲学、言葉を守り通す、という従属的なキャラを登場させています。

椎名林檎のパフォーマンスに親しんでいる人であれば、林檎は『歌舞伎町の女王』キャラや看護師キャラ、古風な日本女性キャラまで、いろいろなキャラを意図的に演じていることは知っているでしょう（デビュー当時、「新宿系自作自演屋」という名刺を自ら作り、音楽関係者に配っていたそうです）。

ここで椎名林檎が提出している女性キャラは、あくまで好きな男性に付き従う、というコミュニケーションの型を目指しています。つまり、個人と個人がぶつかり、対立し合った後

で、お互いさらに高みに登り、至高の統一性に至る、というロマン主義的な恋愛とは程遠い恋愛が、ここでは語られているのです。

むしろ伝統的な日本人女性像、夫の後ろに文句を言わずに付き従い、裏方から夫の仕事＝闘争を支える、男性依存的な女性像、自己主張から遠く離れ、そのような自己＝主体を抹消する女性、夫に同調し、可愛がられることが至高の価値である、という女性の恋愛を歌っていることが見て取れます。

これは西洋のロマン主義的恋愛が、従順な女の子キャラ、「可愛がられ」キャラに接合され、展開していく例だと解釈することができるでしょう。

ここにあるのは、依存的な恋愛——愛する女性は完全に相手に依存し、自分の哲学をもたない、主体をもたないことが大事である恋愛です。

すると、その依存のバランスが崩れた時に、あるいは男性に付き従っているのにもかかわらず、可愛がられなかった時に、いつでも破綻し、重い恋愛になりうる危うさがあります。

ジェンダーの問題

日本社会が主体の確立を避け、相互依存の関係を打ち立てることを強制する社会だとすると、その中での恋愛、そして恋愛の帰結としての結婚は、ヨーロッパ的な恋愛とはまるで違い、単に依存関係をお互いうまく作れるかどうか、というある種のゲームのようになってきます。

そして、この恋愛＝結婚のあり方は、それに対応するジェンダーを生み出すでしょう。

つまり、女性とは、ある可愛いキャラを演じて、愛されるべきであり、甘えを許してくれる男性を求め、男性に付き従う存在であるべきだ、ということです。

かたや男性の側は、そうした依存を受け止める存在であるべきだ、という話になっていきます。男とは女を養って、わがままを聞き入れ、愛し続け、同時に家庭内ではその女性のサポートを受ける、そのような相互依存関係を作るべきだ、ということになります。その関係がうまく作れてこそ、立派な男である、と周囲から認定されるわけですね。

そして、そのように家庭を形成した後で、他のグループとも和を保ち、うまくやっていく。状況依存的に、互いに依存し合う女性、男性ともに人の和の中でうまくやっていく。

それは隔絶した個の世界ではありません。永遠を誓い合う至高の恋愛ではないのです。

しかしながらそうした男道、女道は、近年、若者の間ではほぼ不可能なモデルとして認識されています。現実問題、そのような経済力、許容力をもつことは容易ではなく、厳しい競争を勝ち抜いたほんの一握りの勝ち組の生き方でしかありません。

その意味で、キャラ萌え的なジェンダーのあり方は、リアルにパートナーを見つけ、子供を作る、という営みからはずれているのが実情です。

あるいは、だからこそ、2次元に逃避し、そこでは欲望のあり方が純粋化した形で表現される、ということになるのでしょう。女性としての可愛さ、キャラ萌えとはそのような事態であるように思えます。

とはいえ、キャラ萌えにも、様々な種類があり、様々な歴史的変化もあり、一筋縄ではいかず、そうしたヴァリエーションを網羅的に調査するのは著者の手に余ります。キャラ概念の再検討からはじめ、サブカルチャー全般について、他の研究者と共同でより深い分析がなされるべきところです。

おわりに

古代ギリシャ、ローマからキリスト教、中世宮廷恋愛、ロマン主義的恋愛というヨーロッパの恋愛制度の発展、そしてそれが日本に入ってきて、ヨーロッパのロマン主義的恋愛に圧倒されつつも、奇妙に混ざり合い、日本の恋愛制度が独自に発展してきた過程を見てきました。

本書では、西欧的な恋愛の特徴として、イデアリスム、個人主義などを取り上げ、それらが日本の文化といかに異質なものであるのか、というところを強調しています。

しかしながらイントロダクションで見たように、日本文化というのは奇妙な空間で、相矛盾する要素がさほど対立せずに、まあまあ、と並列してしまいます。論理的な矛盾を乗り越えよう、とする弁証法的な欲望があまりない、というか薄いんですね。グループ内の和が乱されない限りにおいては、まあいいか、となる。

ヨーロッパ的な恋愛と日本的な色恋は、時に並列し、時に混ざり合い、今に至っています。しかしながら「個人」という制度の有無は非常に大きいものです。だから、「混ざる」と言っても、水と油をかき混ぜたような状態であり、つまり本質的には相容れず、お互い混ざり合っていないのは確かでしょう。「キャラ萌え」とロマン主義的な恋愛の接合とは、まさにそのような事態だと解釈できます。

日本的な和という相互依存システムの中では、「恋愛」は依存の一形態として存在しているように思えます。それは社会生活を営んでいく上で、コントロールすべき依存なのでしょうが、容易にコントロールできない依存、重い恋愛となり、そこはロマンティックラブ的な恋愛表象が暗躍する場となります。

日本におけるアニメ、マンガによるロマンティックラブの再生産、再解釈、日本と西洋のハイブリッド文化の生産、これは非常に興味深い現象です。そこではヨーロッパで発生した恋愛という宗教が、そのまま信仰されているわけではありません。

日本における恋愛も、たまたまその依存度が高くなり、宗教的次元に達して、ロマン主義的に見えることもあるでしょうが、それはロマン主義的な恋愛とはやはり別ものでしょう。

そう見えるのは、単にロマン主義的な表象を借りてきたからだけのように思えます。ここにあって、恋愛のガラパゴス的進化がはっきりと見て取れます。

これからの恋愛は、果たしてどうなるのでしょうか？

どこに行くのかわからないのが、日本の恋愛です。だからこそ、おそらく日本独自の恋愛論、結婚論、さらには恋愛の哲学が必要とされているのだと思います。恋愛それ自体を否定するにせよ、肯定するにせよ、西洋から借りてきた理論ではなく、日本の恋愛文化そのものをうまく捉える概念、さらには日本の恋愛哲学を背景とした概念が、さらなる分析のためには必要でしょう。

そしてまた、日本で生まれた謎の文化的ハイブリッド「キャラ萌え」は、アニメ、マンガを通して世界に大量に輸出され続けているわけですが、これがいかにして世界で享受され、それぞれの文化に取り込まれていくのか。これは非常に面白い課題です。国際関係論、比較文化論、異文化コミュニケーション論の枠組みで、さらなる面白い分析が期待される分野でしょう。しかしながら、キャラ萌え万歳、日本文化万歳、という態度に陥るのも考えものです。

気をつけなくてはいけないのは、恋愛の制度化という罠が常にあることです。

本書では、2500年の長きにわたり、いかに時代が理想の恋愛を準備し、制度化し、人の感情を従属させてきたのかを見てきました。「好きだ」という肯定的な感情、「つながりたい」という打算を離れた欲望、感情の迸りは、いつしか時代の制度に流され、嫉妬の罠にはまり、硬直化し、人を不幸にしていきます。そのような「制度」は形を変え、常に生み出され続けるでしょう。

性愛のパワーは、とにかくものすごいので、それをコントロールする枠は必要でしょう。だからこそ恋愛の制度は必要だともいえます。同時に、恋愛制度の歴史を見ることは、なんらかの制度から解放の可能性にもつながるはずです。

そもそもが、キリスト教の愛も、ユダヤ教の戒律に縛られた強制的な生活からの解放であったはずですし、中世の宮廷恋愛も、当時の結婚システムからの解放としてあったはずです。ロマン主義にあっては、封建社会からの個人の解放こそが愛の領域で表現されていました。するとも「キャラ萌え」も、ロマンティッククラブ・イデオロギーや「個人」であることの重圧からの解放としてあるのかもしれません。

しかし、中世宮廷恋愛も、キリスト教も、ロマンティッククラブも、あるべき恋愛の姿を規定し、抑圧的な制度となってしまいました。おそらく「キャラ萌え」さえも、同様に抑圧的な制度となってしまうのでしょう。

この意味で「キャラ萌え」の国際化の再検討、その功罪の分析は、非常に面白い研究対象となるはずです。

まだ恋愛についての思考は始まったばかりです。

鈴木隆美（すずきたかみ）

福岡大学人文学部フランス語学科准教授。1976年生まれ。開成高校、東京大学理科I類を経て、同大学文学部卒。同大学大学院人文科学研究科博士課程修了。ストラスブール大学にて文学博士取得（2010年）。専門はプルーストを中心とする19、20世紀フランス文学、特に19世紀末フランスイデアリズム舞踏論。主著『La croyance proustienne : De l'illusion à la vérité littéraire』（プルースト的信念――幻想から文学的真実へ）、クラシック・ガルニエ社、2011年。

恋愛制度《れんあいせいど》、束縛《そくばく》の2500年史《ねんし》

古代《こだい》ギリシャ・ローマから現代《げんだい》日本《にほん》まで

2018年12月20日初版1刷発行
2024年9月30日　3刷発行

著　者 ―― 鈴木隆美

発行者 ―― 三宅貴久

装　幀 ―― アラン・チャン

印刷所 ―― 萩原印刷

製本所 ―― ナショナル製本

発行所 ―― 株式会社光文社
東京都文京区音羽1-16-6(〒112-8011)
https://www.kobunsha.com/

電　話 ―― 編集部03(5395)8289 書籍販売部03(5395)8116
制作部03(5395)8125

メール ―― sinsyo@kobunsha.com

 ISBN 978-4-334-04388-9

光文社新書

959 アップルのリンゴはなぜかじりかけなのか？
心をつかむニューロマーケティング

廣中直行

商品開発は、今や「脳」を見て無意識のニーズを探る科学の時代だ。「新奇性と親近性」、「計画的陳腐化」、「単純接触効果」、「他者の力」。認知研究が導いたヒットの方程式を大公開。

978-4-334-04365-0

960 松竹と東宝
興行をビジネスにした男たち

中川右介

歌舞伎はなぜ松竹のものなのか。宝塚歌劇をなぜ阪急が手がけているのか。演劇を近代化した稀代の興行師、白井松次郎・大谷竹次郎兄弟と小林一三の活躍を中心に描いた、新たな演劇史。

978-4-334-04366-7

961 フランス人の性
なぜ「＃ＭｅＴｏｏ」への反対が起きたのか

プラド夏樹

高齢者であってもセックスレスなどあり得ない。子どもに8歳から性教育を施す。大統領も堂々と不倫をする。「性」に大らかな国・フランスの現在を、在仏ジャーナリストが描く。

978-4-334-04367-4

962 土　地球最後のナゾ
１００億人を養う土壌を求めて

藤井一至

世界の土はたった12種類。毎日の食卓を支え、地球の未来を支えてくれる本当に「肥沃な土」は一体どこにある？　泥にまみれた研究者が地球を巡って見つけた、一綴りの宝の地図。

978-4-334-04368-1

963 もしかして、私、大人のＡＤＨＤ？
認知行動療法で「生きづらさ」を解決する

中島美鈴

ＡＤＨＤ（注意欠如・多動症）とは、先天的な発達障害のひとつ。最近の研究で、大人になってもＡＤＨＤの症状が残ることがわかってきた。最新の知見と対処法のエッセンスを伝える。

978-4-334-04369-8

964
品切れ、過剰在庫を防ぐ技術
実践・ビジネス需要予測
山口雄大
「いつどれくらい売れるのか?」を予測し、適切な量と頃合いでの商品供給を可能にする、製造業には欠かせない「需要予測」の技術を実践的に学ぶ。明日からすぐに役に立つ!
978-4-334-04370-4

965
〈オールカラー版〉究極のお洒落はメイド・イン・ジャパンの服
片瀬平太
流行、ブランド、品質、値段……。本当に身になるファッションは何か。結論は「日本製服飾品」だった! 日本中を駆け廻る徹底取材でメイド・イン・ジャパンの真の魅力を明らかに。
978-4-334-04371-1

966
オリンピックと東京改造
交通インフラから読み解く
川辺謙一
首都高、東海道新幹線、モノレール、羽田空港。1964年の五輪に合わせて多くのインフラが整備された。「未成熟な巨人」といわれた東京は、五輪とともにいかにして発展してきたのか。
978-4-334-04372-8

967
劣化するオッサン社会の処方箋
なぜ一流は三流に牛耳られるのか
山口周
近年相次ぐ、いいオトナによる下劣な悪事の数々は必然的に起きている——ビジネス書大賞2018準大賞受賞著者による、日本社会の閉塞感を打ち破るための画期的な論考! 緊急出版。
978-4-334-04373-5

968
図解 宇宙のかたち
「大規模構造」を読む
松原隆彦
私たちが住んでいる宇宙とは、一体いかなる存在なのか。宇宙の大規模構造を探ることは、宇宙の起源に迫ることに直結している。実証的アプローチで迫る、宇宙138億年の真実。
978-4-334-04374-2

969
秘蔵カラー写真で味わう60年前の東京・日本
J・ウォーリー・ヒギンズ

アメリカ出身、日本をこよなく愛する「撮り鉄」が、当時は超贅沢だったカラーフィルムでつぶさに記録した昭和30年代の東京&日本各地の人々と風景。厳選382枚を一挙公開。

978-4-334-04375-9

970
100万円で家を買い、週3日働く
三浦展

家賃月1万円で離島で豊かに暮らす／狩猟採集で毎月の食費1500円……。お金をかけずに、豊かで幸せな生活を実践する人々の事例を「再・生活化」をキーワードに紹介。

978-4-334-04376-6

971
ルポ 不法移民とトランプの闘い
1100万人が潜む見えないアメリカ
田原徳容

トランプ就任以降、移民への締め付けを強めるアメリカ。それでもなお、様々な事情で「壁」を越えてやってくる人々がいる。排除と受容の狭間で揺れる「移民の国」を徹底取材。

978-4-334-04377-3

972
パパ活の社会学
援助交際、愛人契約と何が違う？

坂爪真吾

女性が年上の男性とデートをし、見返りに金銭的な援助を受ける「パパ活」が広がりを見せている。既存の制度や規範の縛りから自由になった世界の「生の人間関係」の現実とは？

978-4-334-04378-0

973
百まで生きる覚悟
超長寿時代の「身じまい」の作法
春日キスヨ

なぜ多くの高齢者は「子どもの世話にはならない」と言いつつも、結局「成りゆき任せ」「子どもに丸投げ」になってしまうのか？元気長寿者らへの聞き取りから学ぶ、人生100年時代の備え。

978-4-334-04379-7

974 暴走トランプと独裁の習近平に、どう立ち向かうか？

細川昌彦

国際協調を無視して自国利益第一で世界をかき乱す「米国問題」と"紅い"資本主義のもと、異質な経済秩序で超大国化する「中国問題」への解決策は。元日米交渉担当者による緊急提言。

978-4-334-04380-3

975 自炊力
レシピ料理以前の食生活改善スキル

白央篤司

面倒くさい？ 時間がない？ 料理が嫌い？ そんなものぐさなあなたに朗報！ コンビニパスタ×冷凍野菜など、作らずに「買う」ことから始める、新しい「自宅ご飯」のススメ。

978-4-334-04381-0

976 お金のために働く必要がなくなったら、何をしますか？

エノ・シュミット
山森亮
堅田香緒里
山口純

ベーシックインカム――生活するためのお金は無条件に保障される制度は、現在、世界各地で導入の議論が盛んになっている。お金・労働・所得・生き方などの価値観を問い直す。

978-4-334-04382-7

977 二軍監督の仕事
育てるためなら負けてもいい

高津臣吾

プロ野球、メジャーリーグでクローザーとして活躍し、韓国、台湾、BCリーグでもプレー経験を持つ現役二軍監督の著者が、定評のある育成・指導方法と、野球の新たな可能性を語りつくす。

978-4-334-04383-4

978 武器になる思想
知の退行に抗う

小林正弥

事実よりも分かりやすさが求められるポピュリズムの中で主体的に生きるには、判断の礎となる「思想」が不可欠だ。サンデル流・対話型講義を展開する学者と共に「知の在り方」を考える。

978-4-334-04384-1

979
残念な英語
間違うのは日本人だけじゃない
デイビッド・セイン
他の非英語圏の人たちも、実はネイティブだってミスをする。人気講師が世界中の「残念例」を紹介。言葉は手段、外国語だから間違って当然という姿勢で、どんどん話して身につけよう！
978-4-334-04385-8

980
残業学
明日からどう働くか、どう働いてもらうのか？
中原淳＋パーソル総合研究所
一体なぜ、日本人は長時間労働をしているのか？　歴史、習慣、システム、働く人の思い――二万人を超える調査データを分析し、あらゆる角度から徹底的に残業の実態を解明。
978-4-334-04386-5

981
認知症の人の心の中はどうなっているのか？
佐藤眞一
日常会話によって認知症の人の心を知り、会話を増やすためのツール「CANDy」とは。認知症の人の孤独、プライド、喜び、苦しみ――最新の研究成果に基づくその心の読み解き方。
978-4-334-04387-2

982
恋愛制度、束縛の2500年史
古代ギリシャ・ローマから現代日本まで
鈴木隆美
西欧の恋愛制度が確立していく歴史を追うとともに、それが日本に輸入され、いかにガラパゴス化したのかを、気鋭のプルースト研究者が軽妙な筆致で綴る。
978-4-334-04388-9

983
ぶれない軸をつくる東洋思想の力
田口佳史　枝廣淳子
西洋中心主義の限界を乗り越え、愉快な人生を過ごす方法とは？　東洋思想の第一人者と環境ジャーナリストがタッグを組んだ、人生一〇〇年時代の新しい生き方の教科書。
978-4-334-04389-6